新商务汉语教程

New Business Chinese
Listening and Speaking (I)

新商务汉语
听力与口语教程

邓如冰　卢英　编著

（上册）

清华大学出版社
北京

内 容 简 介

本书是为具备一定汉语基础的留学生编写的听力和口语教材。所选材料以中国人的实际生活为依据。课文、对话表现中国日常生活的各种商务活动，配合贴近生活及其具有趣味性的练习，以期全面提升使用者的听力及口语能力。欲了解中国社会经济情况的汉语学习人士、预备学习财经类专业或已在此专业学习的留学生、预备从事经贸行业的外国来华人员可使用本书。

版权所有，侵权必究。举报：010-62782989，beiqinquan@tup.tsinghua.edu.cn。

图书在版编目（CIP）数据

新商务汉语听力与口语教程. 上册 / 邓如冰, 卢英编著. —北京：清华大学出版社, 2014（2023.10重印）
（新商务汉语教程）
ISBN 978-7-302-37882-2

Ⅰ.①新… Ⅱ.①邓…②卢… Ⅲ.①商务–汉语–听说教学–对外汉语教学–教材 Ⅳ.①H195.4

中国国家版本馆CIP数据核字（2014）第202713号

责任编辑：纪海虹
封面设计：傅瑞学
责任校对：王荣静
责任印制：宋　林

出版发行：清华大学出版社
网　　址：http://www.tup.com.cn, http://www.wqbook.com
地　　址：北京清华大学学研大厦A座
邮　　编：100084
社 总 机：010-83470000
邮　　购：010-62786544
投稿与读者服务：010-62776969, c-service@tup.tsinghua.edu.cn
质量反馈：010-62772015, zhiliang@tup.tsinghua.edu.cn
印 装 者：涿州市般润文化传播有限公司
经　　销：全国新华书店
开　　本：210mm×285mm　　印　张：11.5　　字　数：159千字
　　　　　（附光盘1张）
版　　次：2014年9月第1版　　　　　　　印　次：2023年10月第2次印刷
定　　价：58.00元

产品编号：057118-02

编写说明

《新商务汉语听力与口语教程(上册)》是为具备一定汉语基础的留学生编写的听力和口语教材,凡已完成半年至一年的汉语学习的汉语学习者,尤其是欲了解中国社会经济情况的汉语学习人士、预备学习财经类专业或已在此专业学习的留学生、预备从事经贸行业的外国来华人员,均可使用本教材。

一、编写原则

1. 表现人们日常的经济贸易生活

本教材所选材料并非简单的经贸知识介绍,而是以中国人的实际生活为依据,表现日常生活的各种商务活动,让学生在活生生的生活场景中自然而然地掌握商务用语。

2. 进行全面的听力技巧训练和口语能力提升练习

本教材从听力和口语课程的特点出发,在每课都设计了关于听力和口语知识点的专项练习,同时有意识地设计了大量听音、辨词、理解句意、理解段意、推测、联想、计算、谐音、速记、复述、成段表达、综述、演讲、辩论等训练基本听力和口语技巧的练习,学生使用本书后将得到全面的听力和口语技巧的训练。

3. 设计了大量贴近生活、具有趣味性的练习题

本教材在主课文的练习后,设计了题量丰富的综合练习。习题选材风格多样,内容和语言都贴近生活。在练习的设计上也注意形式多样,力求充分激发学生的学

习兴趣。

二、教材体例

1. 编排情况

本教材共八个单元，一个单元即为一个话题，话题中的课文在长度、难易度上都有渐进性。

2. 单元内容

每个单元包括两篇课文练习和一个综合练习。每篇课文练习前都列出相应课文的生词及其拼音。综合练习包括对专项知识点的介绍和训练，也是对课文中的知识点的再度训练。

3. 教材构成

本教材包括一本纸质教材和一套CD。

4. 使用方法

本教材包括三个部分：单元练习、录音文本和参考答案。使用本教材时，建议学生事先对生词进行预习，不建议学生预习录音文本中的内容。师生均应在课堂上重点学习教材中的单元练习的部分，录音文本和参考答案只是起到辅助学习的作用。

本书编写和出版过程中得到了清华大学出版社编辑同志的热情支持，在此表示感谢。书中还选编了少量报刊上的文章，在此向这些文章的作者表示谢意。书中难免有疏漏之处，敬请谅解！

编　者
2014年6月

目录

第一单元　初来乍到　001

热身话题

1. 你是什么时候到中国来的？为什么要来中国？
2. 描述一下你刚来中国第一个星期的生活。
3. 你找房子期间有没有碰到过什么麻烦？

课文1	签订合同	001
课文2	交电话费	005
综合练习		008

第二单元　假日经济　015

热身话题

1. 在节假日你一般会做些什么？
2. 你们国家最重要的传统节日是什么？介绍一下。

课文1	我想了解中国的传统节日	015
课文2	不一样的拜年方式	019
综合练习		022

第三单元　旅游经济　029

热身话题

1. 你去过哪些地方旅游？谈谈你对这些地方的印象。
2. 如果你的朋友要在节假日外出旅游，你会给他们什么建议？

课文1	明天看红叶去	029
课文2	旅游带来了什么？	033
综合练习		037

第四单元　电子商务　043

热身话题

1. 你有过网上购物的经验吗？请说给同学们听。
2. 在你的国家，电子商务发展得如何？

课文1	你在网上购物吗？	043
课文2	贝索斯与亚马逊	047
综合练习		052

第五单元　消费经济　059

热身话题

1. 你的钱主要花在哪些方面？
2. 你和父母的消费观念有哪些不同？
3. 谈谈在你的国家，人们的消费观念如何？

课文1	你的钱主要花在哪些方面？	059
课文2	高校经济圈	063
综合练习		067

第六单元　投资有道　073

热身话题

1. 如果你每月的生活费有结余，你会怎么管理这些钱？
2. 如果你工作了、有了家庭，会用什么方法管理钱？
3. 在你的国家，人们喜欢在哪些方面进行投资？

课文1	家庭理财	073
课文2	月入三千也可幸福地生活	077
综合练习		081

第七单元　商务礼仪　087

热身话题

1. 你应邀参加过朋友的家宴吗？能否介绍一下事先你要做哪些准备？
2. 你在婚礼中当过伴郎/伴娘吗？想想看，那一天你会穿什么样式的服装？
3. 在你的国家，商务往来会有哪些形式？

课文1	我要参加公司的商务酒会	087
课文2	商务宴请ABC	091
综合练习		095

第八单元　求职应聘　103

热身话题

1. 你有找工作的经历吗?
2. 你面试的时候会紧张吗? 怎么消除紧张情绪?
3. 你认为怎样才能找到一份理想的工作?

课文1	我想找份兼职工作	103
课文2	面试的技巧	107
综合练习		111

录音文本　116

参考答案　162

第一单元　初来乍到

热身话题

1. 你是什么时候到中国来的？为什么要来中国？
2. 描述一下你刚来中国第一个星期的生活。
3. 你找房子期间有没有碰到过什么麻烦？

课文1
签订合同

签订	qiān dìng	交纳	jiāo nà
身份证	shēn fèn zhèng	核对	hé duì
网络	wǎng luò	检查	jiǎn chá
合同	hé tong	产权证	chǎn quán zhèng
统一	tǒng yī	申请	shēn qǐng
损坏	sǔn huài	尤其	yóu qí
租赁	zū lìn		

一、听录音，根据课文内容判断正误。

（　　）1. 安东是按时到的。

（　　）2. 安东要从今年开始交物业费。

（　　）3. 安东得到附近的银行或邮局去买电。

（　　）4. 水费要等交费通知单来了以后，再到银行或邮局去交。

（　　）5. 交燃气费的方法和交水费一样。

（　　）6. 安东要自己去申请开通网络。

（　　）7. 每月交费120元，使用网络可以不受时间限制。

（　　）8. 安东认为签租房合同前，他需要先检查房屋设施的情况。

（　　）9. 合同应该写清楚房屋的损坏情况。

（　　）10. 电话局离安东住的地方很远。

二、听录音，根据课文内容选择正确答案（可能不止一个正确答案）。

1. "没关系，谁能没点事儿啊"房东这么说，表示（　　）

    A. 安东来晚了他很生气　　　　B. 安东来晚了他有点儿生气

    C. 他不在意安东来晚了　　　　D. 他也来晚了

2. 安东签订合同前没问什么事情？（　　）

    A. 各种费用的交纳方法　　　　B. 房东的身份证

    C. 如何签订合同　　　　　　　D. 房子的产权证

3. 水费应该去什么地方交？（　　）

    A. 自来水公司　　　　　　　　B. 附近的银行

    C. 附近的邮局　　　　　　　　D. 物业公司

4. 网络的月租费的种类有（　　）

    A. 每月40元使用40小时　　　B. 每月120元可以随便使用

    C. 每月100元使用100小时　　D. 每月98元使用100小时

5. 谁去开通的网络？（　　）

    A. 房东　　　　B. 安东　　　　C. 房东和安东　　　D. 别人

三、复述练习。

请用自己的话说一说安东和房东签订合同的经过。

四、请根据实际情况回答下列问题。

1. 在中国留学,你喜欢住什么样的房子?为什么?
2. 如果让你选择一所房子中的一间,你想选择什么样的?为什么?
3. 你认为租房子时,还应注意哪些问题?

第一单元　初来乍到

UNIT 1

热身话题

1. 你是什么时候到中国来的？为什么要来中国？
2. 描述一下你刚来中国第一个星期的生活。
3. 你找房子期间有没有碰到过什么麻烦？

课文2

交电话费

提醒	tí xǐng	究竟	jiū jìng
塞	sāi	支票	zhī piào
肤浅	fū qiǎn	胡同	hú tòng
账单	zhàng dān	付账	fù zhàng
点击	diǎn jī	支付	zhī fù
舒适	shū shì		

一、听录音，根据课文内容判断正误。

（　　）1. 接到电话，她才想起来应该交电话费了。

（　　）2. 是房东告诉她应该交电话费了。

（　　）3. 是她的朋友告诉她应该怎么交电话费的。

（　　）4. 房东把账单给她了，她没有找到。

（　　）5. 在中国交电话费不用账单。

（　　）6. 在她的国家交电话费到银行在账单上签字就可以了。

（　　）7. 她认为在中国交电话费更麻烦。

（　　）8. 她在北京已经生活了3年。

（　　）9. 她觉得自己对中国的了解还不够深刻。

(　　) 10. 她认为住在四合院比公寓更舒适。

二、读下面的例句，体会黑体字的用法，然后仿造一个句子。

1. 我糊里糊涂地完全忘记了交电话费的事，**直到**有一天电话铃响了。

   造句：_____

2. 住在四合院里，你**既**可以了解中国，**又（也）**可以享受生活。

   造句：_____

3. **既然**都来电话提醒我们该付账了，那我们**准**是已经收到账单了。**但是**，我们是什么时候收到的账单呢？我把账单究竟放在哪儿了？

   造句：_____

4. 签合同时，最好写清楚房屋现在的情况，**尤其**是哪儿已经损坏了，一定要写清楚。

   造句：_____

5. 我费了这么大工夫，**到头来**却这么简单。

   造句：_____

6. **虽说**我来到这儿已经有三年了，**可**我仍然觉得自己对这里的了解是肤浅的。

   造句：_____

三、根据课文内容，回答下面各题。

1. 在北京怎么交电话费？
2. 在她的国家怎么交电话费？
3. 在你自己的国家电话费是怎么交的？其他的费用呢？

提示：使用一些表示顺序的词语，如：

先去……，再去……，另外……

先……，然后……　　先……，接着……

第一，第二，……最后……　　第一步，第二步，第三步……

综合练习

一、朗读下列字词，注意比较它们的发音。

yī	yū	jī	jū		yí	yú	jí	jú
衣	淤	鸡	居		移	鱼	极	桔

qī	qū	xǐ	xǔ		qí	qú	xì	xù
妻	区	洗	许		旗	渠	戏	续

nǐ	lǚ	nì	lǜ
你	吕	逆	律

bǐ yì	bǐ yù	lián xì	lián xù
比翼	比喻	联系	连续

míng yì	míng yù	bàn lǐ	bàn lǚ
名义	名誉	办理	伴侣

shū jí	shū jú	dà yí	dà yú
书籍	书局	大姨	大鱼

yóu yì	yóu yù	shì yí	shì yú
游弋	犹豫	适宜	适于

yǒu qì	yǒu qù	bù jí	bù jú
有气	有趣	不急	布局

二、完成下面的关于多音字的练习。

    1. 给下面的多音字注音。

       （1）合同（　　　）　　　　胡同（　　　）

       （2）应（　　）邀　　　　应（　　）当

       （3）模（　　）样　　　　模（　　）式

       （4）桌子（　　）　　　　子（　　）女

       （5）宁（　　）可　　　　安宁（　　）的生活

       （6）宗教（　　　）　　　　教书（　　　）

       （7）数（　　）量　　　　数一数（　　）人数（　　）

       （8）称（　　）重量　　　　这件衣服和你不相称（　　）

    2. 选出画线字注音正确的一项。（　　）

	折腾	折了本	折服	存折
A.	zhē	zhé	shé	zhé
B.	zhé	shé	zhé	shè
C.	zhē	shé	zhé	zhé
D.	zhé	zhé	zhé	zhé

三、选择下面的词语填在横线上。

身份证	申请	胡同	付账	尤其	检查
究竟	核对	提醒	合同	点击	舒适

1. 在网上购物时，可以选择收到商品后再_____。

2. 每次写完作业之后，我都会自己_____一遍。

3. 北京的天气很干燥，_____是冬天。

4. _____号码是很重要的个人信息，不能轻易向别人泄露。

5. 依法签订的_____，受到法律的保护，不能随意修改。

6. 用鼠标_____一下"购买"，就可以买到自己喜欢的衣服。

7. 北京有很多_____，里面住着很多人家。

8. 妈妈_____我应该打扫自己的房间了。

9. 我非常喜欢中国，所以_____去中国交换学习一年。

10. 这家咖啡馆的环境非常_____，我经常来这里。

四、听录音，根据对话内容选择正确答案。

1. 女的对这套房子有何看法？（　　）
   A. 觉得房子太大　　　　　　B. 觉得房子太小
   C. 对租金不满意　　　　　　D. 对环境不满意

2. 从对话中可以知道（　　）
   A. 租金还可以再降一点儿
   B. 女的对房子不满意
   C. 男的是房东
   D. 房子离孩子的学校不远

3. 女的意思可能是（　　）
   A. 认为现在没有好房子　　　B. 想买房子
   C. 想自己一个人住　　　　　D. 想租更好的房子

4. 根据女的回答，"裸（luǒ）租"的意思大概是（　　）
   A. 出租没有家具，也没有电器的房子
   B. 出租房子不要押金
   C. 出租既有家具又有电器的房子

D. 出租只有家具，没有电器的房子

5. 女的话是什么意思？（　　）

   A. 男的应该提前3个月去租房子

   B. 男的应该给她赔偿

   C. 她很喜欢这套房子

   D. 她准备再付3个月的房租

6. 火车站的位置在哪儿？（　　）

   A. 男人的左前方　　　　　　B. 男人的右前方

   C. 男人的前面　　　　　　　D. 男人的后面

7. 通过对话我们可以知道：

   （1）对话中的男人的家在（　　）

   　　A. 中国

   　　B. 新加坡

   　　C. 既不在中国也不在新加坡

   　　D. 千岛湖

   （2）对话中的女人现在可能在（　　）

   　　A. 中国

   　　B. 新加坡

   　　C. 既不在中国也不在新加坡

   　　D. 千岛湖

   （3）对话中女人的家在哪儿？（　　）

   　　A. 中国　　　　　　　　B. 新加坡

   　　C. 既不在中国也不在新加坡　　D. 千岛湖

（4）女人可能是男的（　　　）

　　A. 爸爸的姐妹　　　　　　B. 妈妈的姐妹

　　C. 舅妈　　　　　　　　　D. 没有关系

五、听录音，做下面的练习。

1. 请根据录音内容填写下面的购物单。

商品名称	单　位	单价（元）	数　量
牙膏			
		2.73	
毛巾			
		4.4	
		5.7	
笔盒			
	本		
			20
	包		
矿泉水			
		1	

2. 请根据录音内容回答下面的问题。

（1）今天是什么日子？

（2）小兰是几年级的学生？

（3）学校的商店为什么要打折？

（4）小兰最需要什么方面的物品？

（5）小兰买了哪几个种类的商品？

六、听录音，完成下面的练习。

1. 听课文录音，请根据课文内容选择正确的答案。

（1）金喜美是来中国工作的。

（2）她的房子是她的韩国朋友帮她租的。

（3）她租的房子有54平方米左右。

（4）房子的客厅在卧室的西边。

（5）房子的阳台在卧室的旁边。

（6）厨房里的煤气灶是房东买的。

（7）房子的旁边有邮局和超市。

（8）金喜美可能打算在餐馆吃饭。

（9）从房子去地铁站需要20分钟。

（10）金喜美朋友的房子租金是每月2000元。

2. 你的家的结构是什么样的？是怎么布置的？请向同学们介绍一下。（下面的词语可能是你需要的）

客厅	主卧
沙发	饭桌
电视机	电冰箱
书桌	地毯
洗脸池	衣柜
床头柜	餐厅
次卧	茶几
电话	洗衣机
床	书架
浴缸	马桶
落地灯	台灯

七、两人一组，一人扮演房东，一人扮演租房的人，根据提供的材料和所给的词语，编写一段情景对话，并表演出来。

提供的词语：签订　合同　交纳　提醒　付账　核对　注明　尤其

既是……也是……

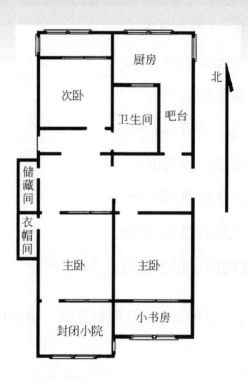

第二单元　假日经济

热身话题

1. 在节假日你一般会做些什么?
2. 你们国家最重要的传统节日是什么? 介绍一下。

课文1
我想了解中国的传统节日

生词

传统	chuán tǒng	农历	nóng lì
赏月	shǎng yuè	团圆	tuán yuán
习俗	xí sú	增添	zēng tiān
吉利	jí lì	扫墓	sǎo mù
悼念	dào niàn	踏青	tà qīng
盛行	shèng xíng	重视	zhòng shì
春光明媚	chūn guāng míng mèi		

一、听录音，根据对话内容选择正确答案（可能不止一个正确答案）。

1. 中秋节这天，人们一般要（　　）

   A. 回家　　　B. 赏月亮　　　C. 吃月饼　　　D. 喝酒

2. 和"重阳节"没有关系的词是（　　）

   A. 虫　　　B. 九　　　C. 酒　　　D. 久

3. 和"重阳节"没有关系的说法是（　　）

   A. 因为九月初九那天有两个太阳出现

   B. 阳在中国古代表示单数

C. 九是单数中最大的数字

D. 九和长久的久谐音

4. 关于重阳节，说法正确的是（　　）

  A. 这是一个专门给老年人过的节日

  B. 老人们这一天常常去放风筝

  C. 老人们这一天常常去爬山

  D. 老人们这一天常常去赏菊

5. 下面和清明节没有关系的是（　　）

  A. 放风筝　　　B. 扫墓　　　C. 踏青　　　D. 吃粽子

6. 端午节这一天人们一般都要（　　）

  A. 打扫卫生　　B. 饮酒　　　C. 赛龙舟　　D. 踏青

7. "七夕节"的那一天女孩子会（　　）

  A. 到河边与男朋友相会　　　B. 向女神请求使自己得到幸福

  C. 和自己的家人在一起　　　D. 吃好吃的瓜果

8. 关于"七夕节"，正确的说法是（　　）

  A. 它是在阳历的7月7日　　　B. 它是女孩子最喜欢的节日

  C. 它是中国的"情人节"　　　D. 在七夕节的前一个月是清明节

二、根据课文内容完成下表。

节　日	时　间	风　俗
中秋节		
重阳节		
清明节		

节 日	时 间	风 俗
端午节		
七夕节		

三、听录音，在下题横线处填上听到的字，完成下面这首古诗。

清明

唐　杜牧

1. _____时节雨纷纷，

2. 路上_____欲断魂。

3. 借问_____何处有？

4. 牧童遥指_____。

四、根据课文内容，两人一组完成下列练习。

给对方介绍一下自己国家的一些传统节日的习俗（时间、起源、过节方式、习俗等）。

第二单元　假日经济

UNIT 2

热身话题

1. 在节假日你一般会做些什么？
2. 你们国家最重要的传统节日是什么？介绍一下。

课文2

不一样的拜年方式

生词

拜年	bài nián	除夕	chú xī
时髦	shí máo	普及	pǔ jí
奢望	shē wàng	截至	jié zhì
累计	lěi jì	用户	yòng hù
高峰	gāo fēng	活跃	huó yuè
流量	liú liàng	消费	xiāo fèi
业务	yè wù	视频	shì pín
此起彼伏	cǐ qǐ bǐ fú		

一、听录音，判断正误。

（　　）1. 20世纪六七十年代中国人最常见的拜年方式是写信和发电报。

（　　）2. 20世纪80年代大部分中国家庭还没有普及电话。

（　　）3. BP机的普及是在20世纪90年代。

（　　）4. 短信拜年是手机在中国得到普及以后发展起来的。

（　　）5. 中国的手机用户已经超过3亿人。

（　　）6. 2005年，在中国发一条短信只需要1毛钱。

（　　）7. 2013年春节的短信发送量是2005年的4倍。

(　　)8. 2014年春节的短信发送量比前一年少。

(　　)9. 今年很多人在网络上拜年。

(　　)10. 微信拜年的高峰时段，平均每分钟有100000条信息发出。

(　　)11. 广东在微信发送量上排在首位，其次是浙江、辽宁、江苏。

(　　)12. 2014年的除夕，移动互联网接入流量消费比平时高了1/4。

(　　)13. 2014年的除夕到初七，全国手机互联网流量比平日高15.3%。

(　　)14. 利用移动互联网拜年成为了当今流行的拜年方式。

(　　)15. 现在最受欢迎的拜年方式是网络视频拜年。

二、听录音，选择符合原句意思的一项。

1. "电话拜年对一般老百姓来说，还是可望而不可即的事情"这句话的意思是
（　　）

　　A. 一般老百姓希望能用电话拜年，但还不能实现

　　B. 一般老百姓还不知道用电话拜年

　　C. 一般老百姓希望用电话拜年，这不是不能实现的愿望

2. "公用电话亭前打拜年电话的长龙"是指（　　）

　　A. 公用电话亭前打电话的人不多　　B. 公用电话亭有很多

　　C. 公用电话亭前有很多的人在排队打电话

3. "到处都是此起彼伏的BP机的声音"这句话的意思是（　　）

　　A. 在有些城市BP机的铃声不停地响着

　　B. 到处都是BP机的铃声

　　C. BP机的铃声有时响、有时不响

4. "千里拜年不再是一种奢望"的意思是（　　）

　　A. "千里拜年"是不可能实现的　　B. "千里拜年"是可以实现的

C. "千里拜年"是一种不现实的想法

5. "0.1元人民币一条短信让中国老百姓'拜'得疯狂"这句话的意思是
（　　）

A. 短信的价格便宜，老百姓们拜年时也特别高兴

B. 短信的价格便宜，很多老百姓都采用这种方式拜年

C. 老百姓花再多的钱也要用短信拜年

6. "只闻其声不见其人"的意思是（　　）

A. 只能听见他的声音，却看不见他的样子

B. 只能闻到他的气味，却看不到他的样子

C. 只听说过他的名声，却没有看过他的人

三、讨论。

1. 在你的国家，人们现在过节互相祝贺的方式有哪些？
2. 你在中国用什么方式给别人送祝福？

综合练习

一、朗读下面的词语，注意 ai ei ua uo iao iu 的发音的区别。

| bǎi bù | běi bù | bù mǎi | bù měi |
| 百步 | 北部 | 不买 | 不美 |

mǎi mài	cǎi zhāi	měi měi	běi měi
买卖	采摘	每每	北美
bǎi bèi	bài běi	méi mǎi	nèi zhài
百倍	败北	没买	内债
guà huà	huà huà	guó huà	huǒ huā
挂画	画画	国画	火花
xiāo xi	xiū xi	yōu jiǔ	qiū yóu
消息	休息	悠久	秋游
jiāo yóu	yào jiǔ	yāo qiú	piāo liú
郊游	药酒	要求	漂流

二、关于数字的练习。

1. 请记住数字的种类和写法。

阿拉伯数字	0	1	2	3	4	5	6	7	8	9	10	100	1000	10000	100000000
小写数字	〇	一	二	三	四	五	六	七	八	九	十	百	千	万	亿
大写数字	零	壹	贰	叁	肆	伍	陆	柒	捌	玖	拾	佰	仟	万	亿

注意：

0~9 叫"阿拉伯数字"，它们是印度人发明的，由于阿拉伯人的传播，它们成为了国际通用的记数方法，所以叫作"阿拉伯数字"。在中国古代，对应这些数字的中文是"〇、一、二……九",也就是我们通常所说的"小写数字"。明朝的时候,人们发现,用小写数字记账的话,很容易被篡改,所以又发明了另一套对应的数字"零、壹……玖、拾、佰、仟……(万、亿等)",专门用来记账,这些数字的写法比较复杂,我们称它们为"大写数字"。

壹　　贰　　叁　　肆　　伍

陆　　柒　　捌　　玖　　拾

2. 用大写数字给下面的金额记账。

例：635 元　　　　　　　　陆佰叁拾伍元

　　302.45 元　　　　　　　叁佰零贰元肆角伍分

　　3215 元

　　70854 元

　　436589614 元

　　1503.50 元

　　8005.32 元

　　3670.41 元

　　206000.52 元

　　120036508.05 元

3. 听录音,在横线上填入听到的数字。

（1）_____元　　　　　_____元

　　　_____元　　　　　_____元

　　　_____元　　　　　_____元

　　　_____元　　　　　_____元

　　　_____元　　　　　_____元

（2）据中国信息产业部公布的数字,截至 2005 年底,中国已有手机用户_____,0.1 元人民币一条短信让中国老百姓"拜"得很疯狂。2005 年春节,中国老百姓发送祝福短信超过_____条。2009 年全国春节期间的短信发送量达到_____条,此后逐年增长,2013

年春节期间发送短信的累计量达到了_____条。2014年春节放假期间，全国移动短信发送量累计达_____条，首次出现大幅下滑。据计算与去年同期相比下降_____。除夕当日发送量达到了_____条，同比下降了_____。

三、选择下面的词语填在横线上。

截止　　传统　　视频　　扫墓　　拜年　　消费

用户　　习俗　　高峰　　重视　　团圆　　业务

1. 过春节的时候，中国人有很多_____，比如贴春联，挂年画等。

2. Facebook 的_____数量已经超过 10 亿了。

3. 随着经济的发展，人们的_____水平越来越高了。

4. 小明找到了他失散多年的母亲，一家人终于_____了。

5. 这次比赛的报名工作_____到6月底。

6. "五一"黄金周是中国的旅游_____，很多人都会出去旅游。

7. 每年清明节，我都会和父母回老家_____。

8. 大家非常_____这次演出，每天都练习很长时间。

9. 这家公司的主要_____是向客户提供专业的理财服务。

10. 过年的时候，晚辈要向长辈_____，祝福长辈身体健康。

四、听录音，判断下面的说法是否正确。

(　　) 1. 李红没去长城，但去了天坛。

(　　) 2. 他们俩要和李红的同事一起去海南旅游。

(　　) 3. 李刚和妻子去青岛休假了。

(　　) 4. 李红觉得上个周末去草原骑马非常有意思。

（　　）5. 男的可能很长时间没有休假了。

（　　）6. 李红认为上海的酒店的价格太贵了。

（　　）7. 李刚9月份要工作。

（　　）8. 他们可能不会参加旅游团。

（　　）9. 丈夫觉得妻子不应该买人参。

（　　）10. 李红想回家了。

五、听录音，根据对话内容选择正确答案。

1. A. 长得不一般　　　　　　　　B. 学习非常好　　　　　　（　　）
   C. 脑子不清楚　　　　　　　　D. 不可能出国

2. A. 不能帮忙　　　　　　　　　B. 自己也很忙　　　　　　（　　）
   C. 可以帮忙　　　　　　　　　D. 请男的先帮个忙

3. A. 男的前几天没有带雨伞　　　B. 前两天下雨了　　　　　（　　）
   C. 男的相信天气预报　　　　　D. 男的今天没有带伞

4. A. 今天还是女的来做饭　　　　B. 今天很累，不想吃饭　　（　　）
   C. 自己做的饭不好吃　　　　　D. 他不喜欢吃女的做的饭

5. A. 小李是单位最美的　　　　　B. 小李长得很丑　　　　　（　　）
   C. 小李喜欢打扮　　　　　　　D. 单位里的人都喜欢小李

6. A. 很希望　　　　　　　　　　B. 不希望　　　　　　　　（　　）
   C. 无所谓　　　　　　　　　　D. 不知道

7. A. 面条　　　　　　　　　　　B. 米饭　　　　　　　　　（　　）
   C. 饺子　　　　　　　　　　　D. 面条和米饭

8. A. 今天不想早睡觉　　　　　B. 赞成女的意见　　　　　（　　）
   C. 觉得女的睡得太多了　　　D. 下午不想睡觉

9. A. 儿子一来信就要钱　　　　B. 他儿子在银行工作　　　（　　）
   C. 儿子经常给他寄钱　　　　D. 他不认识儿子写的字

10. A. 所有的事都由妻子决定　　　　　　　　　　　　　　（　　）
    B. 所有的事都是由男的决定的
    C. 只有小事是妻子决定的
    D. 所有的事都是夫妻俩商量决定的

六、听录音，根据课文内容判断正误。

（　　）1. 政府制定黄金周休假制度是为了促进经济的发展。

（　　）2. 每年的"五一"节和"十一"节是两个集中休假的时间。

（　　）3. 长假制度开始实行的时候，出外旅游的人数不是很多。

（　　）4. 2004年黄金周旅游收入分别占当年全国旅游总收入和国内旅游收入的15.75%和22.86%。

（　　）5. 2006年的"十一"黄金周里，北京85个企业近千家店铺销售收入超过10亿元。

（　　）6. 2006年"十一"黄金周，仅首都北京就迎来了460万国内游客。

（　　）7. 中国人的收入水平增加是黄金周旅游火爆的重要原因。

（　　）8. 中国人均GDP还没有突破1000美元。

（　　）9. 中国还没有完全实现"带薪休假"，这也是黄金周旅游火爆的原因之一。

（　　）10. 中国人不喜欢在周末双休日外出旅游。

七、听录音，根据内容回答问题。

1. 从阳历看，春节是在什么时候？
2. 中国人一般怎样过春节？
3. 在农村过春节有哪些风俗？
4. 城市里禁止放鞭炮的原因是什么？
5. 男的可能去什么地方过春节？

八、情景表演：《××节的风俗》

2~3个同一个国家的学生一组，把自己国家的一个节日的风俗用表演的方式介绍给同学们。

第三单元　旅游经济

热身话题

1. 你去过哪些地方旅游？谈谈你对这些地方的印象。
2. 如果你的朋友要在节假日外出旅游，你会给他们什么建议？

课文1

明天看红叶去

生词

安排	ān pái	郊游	jiāo yóu
特色	tè sè	观赏	guān shǎng
霜	shuāng	节气	jié qì
程度	chéng dù	学问	xué wèn
预报	yù bào	柔和	róu hé
估计	gū jì	秋高气爽	qiū gāo qì shuǎng
成千上万	chéng qiān shàng wàn		

一、听录音，根据课文内容判断正误。

（   ）1. 马克在北京生活已经一个月了。

（   ）2. 建华想带马克去玩电子游戏。

（   ）3. 马克和建华在商量周末出去郊游的事。

（   ）4. 马克去过上海旅游。

（   ）5. "霜降"这个节气表示天气开始变冷。

（   ）6. 中国的农历有 24 个节气。

（   ）7. 降霜对红叶的颜色没有影响。

（   ）8. 早晨的红叶比傍晚的红叶更漂亮。

（　　）9. 建华认为第二天的红叶应该很好。

（　　）10. 他们第二天早晨6点在学校的西门集合，因为那里离宿舍很近。

二、听录音，根据课文内容理解下面每句话的含义。

1. "故宫、颐和园、长城我都去过了，找点儿有特色的地方吧"马克想去的是（　　）

    A. 长城　　　　　　　　　　B. 故宫

    C. 颐和园　　　　　　　　　D. 和这三个地方不一样的景点

2. 建华说"霜降是中国二十四节气中的一个"的准确意思是（　　）

    A. 中国历史上有24个节日，其中一个叫"霜降"

    B. 霜降是中国24个节气的统称

    C. 中国有24个节气，霜降是其中一个

    D. 只有农村才使用霜降等24个节气

3. 北京过去著名的风景有（　　）

    A. 八个　　　B. 一个　　　C. 很多　　　D. 很少

4. "那还看什么呀"这句话的意思是（　　）

    A. 我们去看什么　　　　　B. 没有什么可看的了

    C. 还有得可看　　　　　　D. 看得太多了

5. "关系大了！"的最准确的意思是（　　）

    A. 联系很多　　　　　　　B. 这种联系很重要

    C. 有很多重要的联系　　　D. 没有联系

6. "没想到看个红叶，学问还挺大"的意思是（　　）

    A. 没想到红叶还有这么多的历史知识

B. 没想到看红叶，还需要这么多的知识

C. 没想到看红叶，还要学和问

D. 看红叶，不需要什么知识

7. "那可不是，还有学问呢！"一句中"那可不是"的准确意思是（　　）

A. 是　　　　　　　　　　　　B. 不是

C. 非常不好　　　　　　　　　D. 你说得不对

三、朗读下面"节气歌"，注意汉字的押韵及节奏，然后把24个节气的名字标出来。

地球绕着太阳转，绕完一圈是一年。

一年分成十二月，二十四节紧相连。

按照公历来推算，每月两气不改变。

一月小寒接大寒，二月立春雨水连；

惊蛰春分在三月，清明谷雨四月天；

五月立夏和小满，六月芒种夏至连；

七月小暑和大暑，立秋处暑八月间；

九月白露接秋分，寒露霜降十月全；

立冬小雪十一月，大雪冬至迎新年。

抓紧季节忙生产，种收及时保丰年。

四、根据课文内容讨论。

1. 查阅资料，画一个二十四节气的时间表。

2. 每人认领一个节气，查阅资料，向同学们介绍这个节气的时间、特点和作用。

第三单元 旅游经济

热身话题

1. 你去过哪些地方旅游?谈谈你对这些地方的印象。
2. 如果你的朋友要在节假日外出旅游,你会给他们什么建议?

课文2

旅游带来了什么?

特产	tè chǎn	加工	jiā gōng
设计	shè jì	销售	xiāo shòu
捕捞	bǔ lāo	预示	yù shì
小贩	xiǎo fàn	储备	chǔ bèi
可观	kě guān	批发	pī fā
个体	gè tǐ	成本	chéng běn
产业	chǎn yè	就业	jiù yè
岗位	gǎng wèi	从业	cóng yè
天南海北	tiān nán hǎi běi	发财致富	fā cái zhì fù

一、听录音，判断下面的句子是否符合课文的意思。

（　　）1. 阿勒泰地处中国新疆。

（　　）2. 羊肉是阿勒泰的特产。

（　　）3. 冬捕节这一天，鱼捞得越多，预示着全年捕鱼会越多。

（　　）4. 冬捕节上收入最多的是湖边烤鱼的小贩。

（　　）5. 张先生每月的收入可能超过一万元。

（　　）6. 阿勒泰近年来的旅游产业发展很快。

(　　)7. 除了奇石经济，阿勒泰还有冰雪旅游。

(　　)8. 阿勒泰地区旅游直接从业人员达8000余人，间接从业达2万余人。

(　　)9. 今年"十一"黄金周期间，阿勒泰市实现旅游综合收入865万元，同比增长4%。

(　　)10. 桦林公园、克兰大峡谷、塘巴湖等是阿勒泰地区的A级景区。

二、听录音，根据内容选择正确的答案。

1. 老人2011年赚的20万元是靠（　　）

    A. 放羊　　　　　　　　　B. 卖石头

    C. 放羊和卖石头　　　　　D. 又放羊又捡石头

2. 冬捕节是在一年的（　　）

    A. 三月十五日　　B. 二月十五日　　C. 一月十五日　　D. 十二月十五日

3. 参加冬捕节的游客来自（　　）

    A. 中国的南方　　　　　　B. 中国的北方

    C. 各个地方　　　　　　　D. 天山的南面

4. 冬捕节的湖面上游客人数（　　）

    A. 很多　　　　B. 很少　　　　C. 不太多　　　　D. 一般

5. 刘先生在冬捕节第一天赚到的钱是（　　）

    A. 1000元　　　　　　　　B. 50元至80元

    C. 不到20万元　　　　　　D. 20多万元

6. 刘先生一年的收入（　　）

    A. 比较高　　　B. 可以看得到　　　C. 不太多　　　D. 比较低

7. 关于张先生，以下说法正确的一项是（　　）
   A. 出租车公司的司机　　　　　　B. 个体户
   C. 导游　　　　　　　　　　　　D. 每天挣60元

8. 以下没有提到的地名有（　　）
   A. 阿勒泰　　　B. 布尔津　　　C. 奇石园　　　D. 喀纳斯

9. "当年只是喀纳斯一花独放，如今却是'满园春色'。"表示的意思是（　　）
   A. 过去只有喀纳斯一处有鲜花，现在别的旅游景点也种了花
   B. 过去只有喀纳斯一处旅游景点，现在旅游的景点很多了
   C. 过去喀纳斯很少有鲜花，现在的喀纳斯到处都是鲜花
   D. 过去喀纳斯只有一种花，现在有各种各样的花了

10. 阿勒泰旅游业的发展带动了哪六大相关产业的发展？（　　）
    A. 吃　住　行　游　购　石
    B. 行　食　住　游　购　娱
    C. 行　石　住　用　购　鱼
    D. 吃　行　住　用　购　娱

二、根据录音回答问题。

1. 旅游业的发展给阿勒泰地区带来了什么样的变化？用自己的话把课文中的3个例子说一遍。

2. 你的国家有什么特产？把图片打印下来介绍给同学们。

综合练习

一、朗读下列字词，注意比较它们的发音。

| bí zi | pí zi | duì huàn | tuì huàn |
| 鼻子 | 皮子 | 兑换 | 退换 |

| zhuān guǎn | zhuān kuǎn | bēn pǎo | bìng pái |
| 专管 | 专款 | 奔跑 | 并排 |

| pèi bèi | pǔ biàn | píng bǎn | dà tīng |
| 配备 | 普遍 | 平板 | 大厅 |

| dǎ tōng | tiào dòng | páng biān | gù kè |
| 打通 | 跳动 | 旁边 | 顾客 |

| gài kuò | kāi tóu | kān guǎn | tè dì |
| 概括 | 开头 | 看管 | 特地 |

| tè diǎn | dài tì | kè guān | tóu děng |
| 特点 | 代替 | 客观 | 头等 |

二、关于"儿化"的练习。

在汉语里，"儿"常用作词尾。它可以附在其他音节之后，与前一个音节的韵母结合起来，构成一个卷舌音，这个过程叫作"儿化"。很多人有这样的误解，以为儿化是北京话特有的语音现象，或者以为所有的词语都可以儿化。其实，并不是只有北京话有儿化现象，也不是所有的词语都可以儿化的。

下面这些情况下常常儿化：

1. 表示"小"的意思

    例如：小孩儿、小猫儿、小床儿

2. 区分词义的时候

　　例如：1）他刚刚剪了头。（脑袋）

　　　　　2）他是我们的头儿。（领导）

3. 区分词性的时候

　　例如：1）这是小王画的。（动词）

　　　　　2）这张画儿是我花500元买的。（名词）

4. 有些词无论什么时候都必须要儿化

　　例如：玩儿玩儿、一会儿、馅儿饼、冰棍儿

在必要的地方加上儿化音：

1. 刮风了，快把衣扣（　　）扣（　　）上。

2. 他们6点钟开始买早点（　　），你早点（　　）来啊！

3. 他买了99朵玫瑰花（　　），花（　　）了不少钱。

4. 现在已经5点（　　）了，我的作业只做了一点（　　）。

5. 这一带没有鲨鱼（　　），倒有各种各样的小鱼（　　）。

6. 这些破烂（　　）家具，留着也是占地方，不如送给收破烂（　　）的。

7. 真巧，他们三（　　）个人都是家里的小三（　　）。

8. 不一会（　　）工夫，小猫（　　）和小狗（　　）就彼此熟悉了。

三、选择下面的词语填在横线上。

| 程度 | 就业 | 特色 | 特产 | 设计 | 加工 |
| 观赏 | 估计 | 小贩 | 成本 | 天南海北 | 郊游 |

1. 烤鸭是北京非常有名的_____。

2. 这件衣服的售价是100元，_____只有二三十元。

3. 空气污染已经达到危及人身体健康的_____。

4. 大学生的_____问题，是社会非常关注的一个问题。

5. 这家工厂_____的产品质量非常好，有很多人前来购买。

6. 我们班上的同学来自_____，但大家都成了好朋友。

7. 在夜市上，有很多_____在卖东西。

8. 周末，我们全班同学要去附近的农场_____。

9. 吃了这么多东西，大家_____都饱了吧。

10. 老师拿出一把精美的扇子让同学们_____。

四、听录音，根据对话内容选择正确的答案。

1. A. 他喜欢冬天　　　　B. 他喜欢夏天　　（　　）
   C. 他喜欢春天　　　　D. 都喜欢

2. A. 去过　　　　　　　B. 没去过　　　　（　　）
   C. 在那儿住了10年　　D. 去过10次

3. A. 女的先说　　　　　B. 自己先说　　　（　　）
   C. 都不说　　　　　　D. 我说完你再说

4. A. 这本书确实很好　　B. 不同意女的说法（　　）
   C. 没有几个看过这本书　D. 男的没看过这本书

5. A. 河南　　　　　　　B. 昆明　　　　　（　　）
   C. 大理　　　　　　　D. 丽江

6. A. 不愿意去吃饭　　　B. 不愿意通知其他人（　　）
   C. 愿意去吃饭　　　　D. 认为大家不会去

7. A. 同意帮男的带东西　B. 觉得男的东西太大了（　　）

C. 建议男的去邮局寄鞋　　　　　D. 和小华不认识

8. A. 认为男的骗她　　　　　　　B. 租到房子了　　　　　（　　）
   C. 没租到房子　　　　　　　　D. 认为骗人不好

9. A. 不能支付现金　　　　　　　B. 不能刷卡　　　　　　（　　）
   C. 货到付款　　　　　　　　　D. 货到前付款

10. A. 我不知道谁买菜　　　　　　B. 我每天买菜　　　　　（　　）
    C. 我不是每天买菜　　　　　　D. 我每天不买菜

五、听录音，把听到的数字填在横线上。

数据显示，2013年，我市旅游业保持稳定发展，旅游接待量和旅游总收入同比均实现增长。接待旅游总人数_____人次，比上年同期增长_____；实现旅游总收入_____元，同比增长_____。旅游购物和餐饮消费_____元，同比增长_____，占全市社会消费品零售额的_____。旅游相关产业累计完成投资_____元，同比下降_____，占全社会固定资产投资额的_____。

国内旅游市场稳步增长。2013年，接待国内游客_____人次，同比增长_____；实现国内旅游总收入_____元，增长_____。其中，外地来京游客_____人次，同比增长_____；旅游总消费_____元，增长_____。北京居民在京游_____人次，同比增长_____；旅游总消费_____元，增长_____。

入境旅游市场同比下降。2013年，接待入境游客_____人次，同比下降_____。其中，接待港澳台游客_____人次，下降_____；接待外国游客_____人次，下降_____。实现旅游外汇收入_____美元，同比下降_____。

六、听录音《西安四日游》，完成下面的练习。

专有名词：

秦始皇	qín shǐ huáng	兵马俑	bīng mǎ yǒng
大雁塔	dà yàn tǎ	羊肉泡馍	yáng ròu pào mó
太后饼	tài hòu bǐng		

1. 听课文录音，判断下面的说法是否正确。

（　　）（1）在古代，西安的城市名称并不叫西安。

（　　）（2）意大利人马可·波罗认为西安是古代丝绸之路的起点。

（　　）（3）西安有1300多年的历史，先后有13个王朝把都城建在这里。

（　　）（4）导游认为西安是很值得来游览的。

（　　）（5）9月20日将游玩秦始皇陵、明代城墙、大雁塔和华清池。

（　　）（6）旅游团成员要自己购买9月20日的中午饭。

（　　）（7）在大雁塔风景点可以买到太后饼。

（　　）（8）吃完晚饭后就没有集体游览项目了。

（　　）（9）这段话有可能是9月20日早上说的。

（　　）（10）"太阳"旅游团的人都很疲劳了。

2. 听课文录音，在下面的表格中填入正确的内容。

以下地名是你可能需要的：秦始皇陵、兵马俑、明代城墙、大雁塔、华清池、西安半坡遗址、华山

	景点名称	到达时间	停留时间
9月20日			
9月21日			
9月22日			

七、口语训练：演讲。

1. 以《我国的特产》为题，写一篇演讲稿，介绍3个你们国家的特产。
2. 以《我国的风景名胜》为题，写一篇演讲稿，介绍3个你们国家的风景名胜。

第四单元　电子商务

UNIT 4

热身话题

1. 你有过网上购物的经验吗？请说给同学们听。
2. 在你的国家，电子商务发展得如何？

课文1

你在网上购物吗？

生词

落伍	luò wǔ	前卫	qián wèi
逛	guàng	靠谱	kào pǔ
账户	zhàng hù	设置	shè zhì
密码	mì mǎ	下载	xià zǎi
软件	ruǎn jiàn	黑客	hēi kè
款式	kuǎn shì	功能	gōng néng
搜索	sōu suǒ	沟通	gōu tōng
评价	píng jià	信用	xìn yòng
输入	shū rù		

一、听录音，根据课文内容判断正误。

（　　）1. 老张经常在网上买东西。

（　　）2. 老王认为自己太落伍，老张很前卫。

（　　）3. 在使用网上银行后，要下载银行的安全软件保护资金的安全。

（　　）4. 老张下午要去银行开设网银账户。

（　　）5. 老王下午将要和老张一起去银行。

（　　）6. 老王不知道什么是"黑客"。

（　　）7. 老王希望手机有通话、上网、拍照的功能。

（　　）8. 信用度高的商家一般都经营钻石生意。

（　　）9. 不仅可以在网上买东西，也可以在网上卖东西。

（　　）10. 老王打算在网上卖掉自己的手机。

二、听录音，选择正确的答案（可能不止一个正确答案）。

1. 老张认为在网上购物怎么样？（　　）

　　A. 不靠谱　　　B. 太落伍　　　C. 很方便　　　D. 很便宜

2. 对于网上购物，老王担心什么？（　　）

　　A. 太麻烦　　　B. 不安全　　　C. 有黑客　　　D. 太浪费

3. 开设网上银行账户要注意什么？（　　）

　　A. 要去安全的地方上网　　　B. 最好下载银行的安全软件

　　C. 把密码设置得复杂一些　　　D. 尽量要在家里上网买东西

4. 老王喜欢什么样的手机？（　　）

　　A. 款式要比较好　　　B. 功能要比较多

　　C. 价格不能太贵　　　D. 屏幕要大一些

5. 老张告诉老王怎样选择自己需要的手机？（　　）

　　A. 选择价格和功能，然后点击搜索

　　B. 选择款式和价格，然后点击搜索

　　C. 选择屏幕的尺寸，然后点击搜索

　　D. 选择老人专用手机，然后点击搜索

6. 怎样了解卖家的信用度？（　　）

　　A. 看其他买家的评论　　　B. 看商家有多少钻石标志

C. 看商家的自我评价　　　　　　　D. 用聊天软件与商家进行沟通

7. 老张介绍的网上购物的流程是怎样的？（　　　）

   A. 点击"购买"—输入地址和联系方式—选择网上银行—输入密码—点击"确认"

   B. 点击"购买"—选择网上银行—输入密码—输入地址和联系方式—点击"确认"

   C. 点击"确认"—输入地址和联系方式—选择网上银行—输入密码—点击"购买"

   D. 点击"确认"—选择网上银行—输入密码—输入地址和联系方式—点击"购买"

8. 如果手机有问题怎么办？（　　　）

   A. 可以换货和退货　　　　　　　B. 要自己付换货和退货的邮费
   C. 与商场里的退货手续是一样的　D. 要到商场里退货

9. 通过什么方式可以沟通换货和退货的事？（　　　）

   A. 聊天软件　　B. 打电话　　C. 写电子邮件　　D. 写信

10. 如果要在网上卖自己的物品，需要做哪些事情？（　　　）

    A. 上网搜索买家信息　　　　　　B. 给自己的物品拍照片
    C. 在网上介绍自己的物品　　　　D. 在网上留下自己的联系方式

三、对话练习。

两人一组，用自己的话把网上购物的整个过程向对方介绍一遍。

注意使用以下连接词语：

一来……，二来……，还有……

先……，然后……，再……，最后……

UNIT 4

第四单元　电子商务

热身话题

1. 你有过网上购物的经验吗？请说给同学们听。
2. 在你的国家，电子商务发展得如何？

课文2

贝索斯与亚马逊

和睦	hé mù	跳槽	tiào cáo
证券	zhèng quàn	潜力	qián lì
迅猛	xùn měng	零售	líng shòu
启动	qǐ dòng	优势	yōu shì
优惠	yōu huì	提供	tí gōng
投资	tóu zī	拍卖	pāi mài
协议	xié yì	订购	dìng gòu
其乐融融	qí lè róng róng	出人意料	chū rén yì liào
名副其实	míng fù qí shí		

一、听录音，根据听到的内容选择正确的答案（可能不止一个正确答案）。

1. 关于贝索斯的家庭，下面哪些说法是对的？（　　　）

    A. 他是家里最大的孩子　　　　B. 他出生于墨西哥

    C. 他们一家生活得很幸福　　　D. 他家有6口人

2. 他是在哪一年去到一家纽约银行工作的？（　　　）

    A. 1986　　　B. 1988　　　C. 1990　　　D. 1992

3. 他大学毕业几年后成为了华尔街一家证券公司的副总裁？（　　）

　　A. 4年　　　　　B. 5年　　　　　C. 6年　　　　　D. 7年

4. 关于贝索斯的辞职，以下说法正确的有（　　）

　　A. 很多人都想到了他会辞职

　　B. 贝索斯认为金融业已经遇到危机，所以他辞职了

　　C. 贝索斯的朋友——微软的老板比尔·盖茨劝说他从事IT业，所以他辞职了

　　D. 贝索斯看准了一个更有潜力的行业，所以他辞职了

5. 以下符合贝索斯的想法的是（　　）

　　A. 他做任何事情都不后悔

　　B. 离开了金融业，他可能会后悔

　　C. 如果没有进入IT业，他可能会后悔

　　D. 如果错过了因特网快速发展的机会，他也不会后悔

6. 与亚马逊创建相关的内容是（　　）

　　A. 公司的启动资金是他父母的养老金

　　B. 公司的办公地点在他的住所

　　C. 启动资金只有3万美金

　　D. 他住的房子是他自己的

7. 贝索斯把公司的名字叫作"亚马逊"是因为（　　）

　　A. 亚马逊河是世界上最大的河流

　　B. 因为公司是在亚马逊河旁诞生的

　　C. 他希望他的公司成为出版界最大最著名的公司

　　D. 因为他的公司是出版界最大最著名的公司

8. 关于亚马逊的优势，以下说法正确的是（　　）

　　A. 它是价格最便宜的网上书店

　　B. 亚马逊销售的书籍种类很多

　　C. 亚马逊每天推出30多万种优惠图书

　　D. 顾客想找什么书，几乎都能在亚马逊找到

9. 关于亚马逊的服务，以下说法正确的是（　　）

　　A. 亚马逊提供的服务比传统书店的更方便

　　B. 在亚马逊购书，一般在半分钟内就可以得到回应

　　C. 亚马逊的送货速度很快

　　D. 在世界各地，顾客订货后1天到2天就可以拿到书

10. 亚马逊进入欧洲市场是在哪一年？（　　）

　　A. 1996年　　　B. 1998年　　　C. 1999年　　　D. 2000年

11. 除图书外，亚马逊投资了哪些领域的网站？（　　）

　　A. 快递　　　B. 宠物　　　C. 药店　　　D. 家庭用品

12. 以下说法正确的是（　　）

　　A. 亚马逊不仅是一个网上书店，还是一个网上零售商

　　B. 亚马逊的成长速度特别快

　　C. 亚马逊是网络上的第一个电子商务品牌

　　D. 贝索斯在网上开了一门课程叫"什么是电子商务"

二、根据对课文内容的理解记忆完成下列判断题。

（　　）1. 贝索斯和比尔·盖茨一样，大学还没有毕业就开始创业了。

（　　）2. 贝索斯的第一份工作是在纽约的一家银行。

（　　）3. 贝索斯认为互联网行业比其他行业更具潜力。

（　　）4. 贝索斯曾经在高科技公司、银行、证券公司工作过。

（　　）5. 贝索斯用自己存的钱作为启动资金开始创业。

（　　）6. 亚马逊网上书店有强大的技术支持。

（　　）7. 亚马逊网上书店与传统书店相比服务更方便快捷。

（　　）8. 1998年上半年，亚马逊开办了儿童书店和娱乐商店。

（　　）9. 亚马逊与快运公司签署协议后，美国所有地区的用户订购的商品在一小时内就能送上门。

（　　）10. 现在亚马逊公司已经成为全世界最大的零售企业了。

三、仿造例句，用下面的关联词语造句。

1. 一旦……，就……

   例：一旦开始网上购物，你就会发现这是多么方便了。

   造句：_____

2. ……，另外，……

   例：我觉得网上银行不太安全。另外，我也不常用电脑，觉得挺麻烦的。

   造句：_____

3. ……越……，……越……

   例：钻石越多，表示这家网店越可靠。

   造句：_____

4. 只要……，就……

   例：人们只要买书，往往首先就会想到亚马逊。

   造句：_____

5. 尽管……，还是……

例：尽管事业发展得非常顺利，贝索斯还是辞职了。

造句：_____

四、口语练习。

1. 熟读贝索斯在课文中的一句话："将来当我年届八旬回首往事时，我不会因为今天离开华尔街而后悔；但我会因为没有抓住因特网迅猛发展的大好机会而后悔。"

用"将来我回首往事时，我不会因为……而后悔，但我会因为没有……而后悔"的句式说一句话。

2. 贝索斯用世界上最大的河流来命名自己的公司，你还知道哪些公司的名字是有特殊意义的吗？请介绍给同学们听。

3. 请用自己的话把亚马逊的"优势"复述一遍。注意使用"首先，……。其次，……。再次，……"。

4. 根据课文内容，准备一篇题目为"亚马逊神话"的演讲。

综合练习

一、给下列汉字注音，注意比较它们的发音。

推辞　　推迟　　阻力　　主力　　职责　　制作

正式　　政治　　甚至　　奢侈　　赞助　　尺寸

二、语气词练习。

常见的语气词有"吗、吧、呢、呀、啊、嘛、喽"等,它们常常在句尾,表示疑问、反问、感叹、陈述、祈使等语气。

1. 在课文中找 5 个带有语气词的句子并抄写在下面,说说这些语气词在句子中表示什么语气。

1)_____

2)_____

3)_____

4)_____

5)_____

2. 给下面的句子加上适当的语气词,并读给大家听。

1)你是李小一?我们有 10 年没见面了?

2)那个穿蓝色西装的人是谁?

3)汉语真难学!

4)随他的便!

5)这不是我的书?怎么会在你这儿?

6)现在可能有 12 点了。

7)妈妈,我还想睡一会儿。

8)没人陪你一块儿去?找我!

9)太好了!终于可以回家了!

10)难道你不感到羞愧?

三、选择下面的词语填在横线上。

沟通　　靠谱　　密码　　评价　　逛　　落伍

投资　　　跳槽　　　零售　　　拍卖　　　出人意料　　名副其实

1. 明天下午你有空吗？想不想一起到王府井_____一下？
2. 我们公司明年打算_____一个新项目。
3. 糟糕！我忘了银行卡的_____。
4. 这款手机是前年推出的，现在已经_____了。
5. 王明最近工作不太积极，听说是准备_____到另一家公司了。
6. 这次的竞标 A 公司居然失败了，真是一个_____的结果。
7. 在职场中学会_____是很重要的，有助于建立良好的人际关系。
8. 请问这种水果怎么卖，是批发还是_____？
9. 刘晓宇是一个_____的人，每次拜托他的事情他都能完成得很好。
10. 请你_____一下自己今天面试的表现吧。

四、听录音，根据对话内容选择正确答案。

1. 男的认为（　　）
   A. 很安全　　　　　　　　　B. 不太安全
   C. 有时安全　　　　　　　　D. 他从来没有网购过

2. 男的意思是（　　）
   A. 网上没有狗穿的毛衣　　　B. 当然可以买到狗穿的毛衣
   C. 在网上找不到任何东西　　D. 他什么都不知道

3. 男的想通过什么方式付款？（　　）
   A. 现金付款　　B. 刷卡付款　　C. 网上付款　　D. 货到付款

4. 下列说法正确的是（　　）
   A. 网上购物退货时不方便，因为要付钱
   B. 网上购物退换货时很方便，也不需要任何费用

C. 如果你自付邮费，网上购物退货还是很方便的

D. 网上购物非常方便

5. 关于男的，可以知道什么？（　　）

　　A. 要出差　　　　　　　　　B. 把旧工作辞了

　　C. 准备举行婚礼　　　　　　D. 自己开了一个公司

6. 女的现在心情怎么样？（　　）

　　A. 很兴奋　　　　　　　　　B. 很惊讶

　　C. 有些担心　　　　　　　　D. 有点儿遗憾

7. 关于男的，下列哪项正确？（　　）

　　A. 决定戒烟　　　　　　　　B. 还在犹豫

　　C. 戒烟成功了　　　　　　　D. 认为戒烟很困难

8. 根据对话，可以知道什么？（　　）

　　A. 相机没充电　　　　　　　B. 突然停电了

　　C. 电脑死机了　　　　　　　D. 报告刚写完

9. 问题（1）：王小姐买这张新专辑实际上花了多少钱？（　　）

　　A. 3元　　　B. 4元　　　C. 30元　　　D. 27元

　　问题（2）：王小姐以后可能会在网上商城购买哪类商品？（　　）

　　A. 服装　　　B. 食品　　　C. 文化用品　　　D. 电器

10. 问题（1）：女的工作可能是什么？（　　）

　　A. 收银员　　　　　　　　　B. 银行工作人员

　　C. 保洁员　　　　　　　　　D. 服务员

　　问题（2）：他们正在讨论什么？（　　）

　　A. 购物付款的方式　　　　　B. 银行卡的种类

C. 有没有信用卡　　　　　　　　　　D. 能不能用信用卡付款

五、听下面的材料，完成以下网上购物的流程图。

如果你想在 SOHU 商城购买一把瑞士军刀，只需要进行以下非常简单的操作：

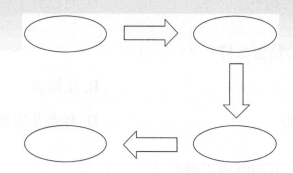

六、听录音，完成下面的练习。

1. 判断下面的句子是否正确。

（　　）（1）马云不仅拥有很好的外表，而且在中国电子商务行业创造了辉煌的成绩。

（　　）（2）阿里巴巴和淘宝网把中国网民带入了全民"网友"时代。

（　　）（3）现在，淘宝网已经成为全球最大的网上交易市场，有将近两千万的企业客户在这里进行交易。

（　　）（4）家乐福和沃尔玛通过阿里巴巴找到了满意的客户和供应商。

（　　）（5）在创建了淘宝网之后，马云又创办了阿里巴巴网站。

（　　）（6）2010年，在淘宝上注册的用户交易额占国内市场份额的70%。

（　　）（7）阿里巴巴促成了不少知名企业之间的合作，例如克莱斯勒、通用等。

（　　）（8）现在电子商务已经替代了传统零售行业。

（　　）（9）任何人都可以在淘宝网上进行自由买卖。

（　　）（10）李嘉诚通过进军网络金融市场等举措成为亚洲首富。

2. 选择正确的答案。

（1）"马云是中国电子商务行业的重量级人物"中"重量级"的意思是（　　）

　　A. 体重很大的

　　B. 年龄很大的

　　C. 最早出现的

　　D. 重要的，影响很大的

（2）在马云看来，"网商"时代的特点是（　　）

　　A. 人们可以更加方便地在网上看新闻、玩游戏、聊天、交友

　　B. 网民开始真正把互联网看作生产力，真正从网络中创造财富

　　C. 越来越多的人放弃以前的工作，开始做生意

　　D. 企业之间在网上商量事情，很少通过纸笔交流

（3）关于阿里巴巴和淘宝的区别，以下说法正确的是（　　）

　　A. 阿里巴巴有外资的参与；淘宝没有外资参与

　　B. 阿里巴巴是企业客户的交易平台；淘宝是个人网上交易的平台

　　C. 阿里巴巴是个人网上交易的平台；淘宝是企业客户的交易平台

　　D. 阿里巴巴使用了余额宝；淘宝没有使用余额宝

（4）下列说法错误的是（　　）

　　A. 每天在阿里巴巴发布的企业供求信息有将近两亿条

　　B. 在"网民"和"网友"时代，很多网民只是简单地着迷于读资讯、谈天、游戏、交友等纯粹的网络消遣

　　C. 马云开发了余额宝等产品，开始进军国际贸易市场

　　D. 现在，许多中国人可以直接在淘宝网上开零售"网店"

（5）这段话主要讲了什么内容？（　　）

A. 阿里巴巴和淘宝网有什么不同

B. 马云是怎样成为亚洲首富的

C. 马云开创了中国网民的"网商"时代

D. 中国互联网的发展历史

七、阅读下面这段话，完成后面的练习。

这个看上去很美的"海淘"，其实也是暗藏风险，因为毕竟是从国外买东西，万一出了问题谁来保障咱们的利益呢？所以很多朋友说，"海淘"到底靠不靠谱呢？我说呀，"海淘"靠不靠谱，关键是你有没有窍门，比方说吧，你在国外的网站上买东西，怎么去买、用什么方法买才是最划算的，买什么最好，这些都是学问。海淘其实是有利有弊。

选择一个话题，查阅资料，写一篇演讲稿，讲给同学们听。

1. "海淘"的学问。

2. "海淘"的利与弊。

第五单元　消费经济

热身话题

1. 你的钱主要花在哪些方面？
2. 你和父母的消费观念有哪些不同？
3. 谈谈在你的国家，人们的消费观念如何？

课文1

你的钱主要花在哪些方面？

生词

冒昧	mào mèi	高档	gāo dàng
地摊	dì tān	贷款	dài kuǎn
享受	xiǎng shòu	收入	shōu rù
培训	péi xùn	开支	kāi zhī
赡养	shàn yǎng	负担	fù dān
大手大脚	dà shǒu dà jiǎo	自食其力	zì shí qí lì

一、听录音，根据课文内容选择正确的答案（可能不止一个正确答案）。

1. 小丽每个月大约挣多少钱？（　　　）

   A. 800～1000　　B. 2000～3000　　C. 10000～20000　　D. 20000～30000

2. 小丽每个月都（　　　）

   A. 存钱　　　B. 借钱　　　C. 贷款　　　D. 把钱花光

3. 她花钱的地方包括（　　　）

   A. 房租、交通、电影、健身　　B. 化妆、电影、约会、酒吧
   C. 上网、运动、服装、房租　　D. 通信、交通、唱歌、请客

4. 她可能在哪个方面花钱最多？（　　）

　　A. 房租　　　　B. 服装　　　　C. 打的　　　　D. 化妆品

5. 她为什么喜欢买高档衣服？（　　）

　　A. 穿起来舒服

　　B. 因为自己长得不漂亮

　　C. 喜欢高档衣服的购物环境

　　D. 受工作环境影响

6. 以下关于小丽的描述哪些是对的？（　　）

　　A. 她的父母认为她是个自食其力的人

　　B. 她的父母不愿意借钱给她

　　C. 她的父母觉得她很浪费

　　D. 如果买房她会去贷款

7. 以下关于兰兰和她的丈夫的描述，正确的是（　　）

　　A. 他们俩都是在政府部门工作的

　　B. 兰兰觉得自己收入太低了

　　C. 他们的收入比较稳定

　　D. 兰兰觉得丈夫的收入太低了

8. 兰兰家的钱的1/3花在哪些方面？（　　）

　　A. 孩子的学费　　　　　　B. 孩子的培训班

　　C. 家庭日常开销　　　　　D. 家庭娱乐费用

9. 兰兰为什么要把剩余的钱都存起来？（　　）

　　A. 想买房　　　　　　　　B. 要照顾父母

　　C. 孩子快上大学了　　　　D. 将来要养老

10. 关于兰兰，以下说法正确的是（　　）

　　A. 兰兰不需要贷款买房子

　　B. 兰兰看中的房子离工作的地方不远

　　C. 兰兰觉得现在住的房子不够大

　　D. 兰兰马上就要搬家了

二、口语练习。

1. 阅读这段话，注意黑体字的作用。

记者：干嘛花那么多钱买衣服？

小丽：**首先**，我喜欢高档服装，高档衣服穿起来不仅舒服，而且显得漂亮，"三分长相，七分打扮"嘛。**其次**，我喜欢高档的购物环境，在那样的地方买衣服，花再多的钱你都不会心疼，只会感觉到快乐。**再说**，我的工作环境也决定了我必须穿高档衣服，所有的同事和朋友都穿得那么有档次，你一个人穿那种地摊货，那不太掉价了么？

2. 两人一组，一个问问题，另一个用"首先，其次，再说"回答。

三、讨论下面的问题。

1. 小丽和兰兰的消费观念有什么不同？

2. 如果你获得了一大笔钱，你要花在哪些方面？

第五单元　消费经济

热身话题

1. 你的钱主要花在哪些方面?
2. 你和父母的消费观念有哪些不同?
3. 谈谈在你的国家,人们的消费观念如何?

课文2

高校经济圈

区域	qū yù	定位	dìng wèi
偶尔	ǒu ěr	景致	jǐng zhì
装修	zhuāng xiū	优惠	yōu huì
套餐	tào cān	辐射	fú shè
沾光	zhān guāng	规划	guī huà
薄利多销	bó lì duō xiāo	络绎不绝	luò yì bù jué
眼花缭乱	yǎn huā liáo luàn		

一、听录音，根据课文内容选择正确答案（可能不止一个正确答案）。

1. "高校经济圈"是（　　）

　A. 依托多所大学的数量带来的规模效应而形成的一种全局性消费经济

　B. 依托大学校园大量学生带来的消费效应而形成的一种区域性消费经济

　C. 依托大学校园大量学生带来的消费效应而形成的一种全局性消费经济

　D. 依托多所大学的数量带来的规模效应而形成的一种区域性消费经济

2. 文中调查显示，3所大学形成的高校经济圈每月消费多少钱？（　　）

　A. 1000万元　　　　　　　　B. 3000万元

　C. 5000万元　　　　　　　　D. 1500万元

3. 大部分大学校园商圈里的商家给自己的商业定位是（   ）

 A. 客流量大

 B. 高档消费为主，没有低档商品

 C. 低档消费为主，偶有中档商品

 D. 薄利多销

4. 记者来到校内的一个3平方米的化妆品店，学生（   ）

 A. 寥寥无几　　　　　　　　B. 三三两两

 C. 络绎不绝　　　　　　　　D. 无人问津

5. 按照材料所说，大学周边哪种商店最多？（   ）

 A. 便利店和美发店　　　　　B. 房产中介

 C. 电子和通信类商店　　　　D. 餐馆

6. 下面哪项能说明校园经济圈的辐射能力极强？（   ）

 A. 大学城周围小区的二手房价格持续居高不下

 B. 离学校较远处的商业街生意不错

 C. 离学校不远处的高价楼盘已经销售一空

 D. 学校里面的超市总是有很多学生排队买东西

7. 材料提到的商业街上的店铺什么时候生意最火？（   ）

 A. 开学　　　B. 期中　　　C. 期末　　　D. 假期

8. 根据材料分析以下四种面，哪种在学校附近最受欢迎？（   ）

 A. 5元一碗的方便面

 B. 10元一碗的打卤面

 C. 16元一碗的牛肉面

 D. 108元一碗的顶级海鲜面

9. 记者去了一家靠近居民区的高档餐馆，这家餐馆是怎样拉住大学生顾客的？（　　）

　　A. 送餐服务　　　　　　　　B. 24小时经营

　　C. 赠送礼物　　　　　　　　D. 制定优惠套餐

10. 高校管理人士在谈到校园经济圈时提到（　　）

　　A. 校园经济圈可以提升城市的消费能力

　　B. 校园经济圈目前还普遍缺乏规划，没有特色

　　C. 校园经济圈会污染学校周围的环境

　　D. 校园经济圈可以创造更多就业岗位

二、在横线上填入你听到的词语。

记者来到校内的一个约3平方米的化妆品店，看到这儿只有少数人们熟知的高档化妆品，而多数都是些价格不高的不_____的化妆品。来来往往的学生_____，不一会儿就卖出了好些货物。记者又来到校园旁边一条大街上，整条街的各类特色小吃店令人_____。在一家面馆，4名男学生各点了16元钱一碗的牛肉面。老板分析，只要出校门来吃饭，就是想吃点儿好的，所以，这10元钱一碗的打卤面基本不卖。这位老板注意到，男生在_____上是舍得花钱的，而女生，更舍得把钱花在_____上。

三、回答下面的问题。

1. 课文中谈到，大部分校园经济圈的商家的定位是什么？举两个例子说明。
2. 课文提到的校园经济圈有哪些"辐射"作用？

综合练习

一、给下列汉字注音，注意比较它们的发音。

四十　　十四　　初次　　成才　　岁数　　财产

说明书　针织品　生产力　十全十美　长年累月

二、俗语练习。

课文中有几个俗语（也叫俗话），它们有的出自中国古代诗歌，有的来源于古代的故事，有的是民间多年流传的口头语，有的是人们生活经验的总结。它们经过多年的传承，已经广泛应用于老百姓的言谈之中，具有通俗、简练、形象、易懂的特点，如"比上不足，比下有余"等。正确理解俗语的意思，有意识地使用它们，可以使说话变得生动形象。

1. 阅读课文中出现的含有俗语的句子，说说他们的意思。

   1）我们俩的收入一般，"比上不足，比下有余"吧。

   2）我们这个年龄的人负担是最重的，"上有老，下有小"，所以必须要存一些钱的。

   3）高档衣服穿起来不仅舒服，而且显得有气质，"三分长相，七分打扮"嘛。

2. 下面这些俗语是什么意思？把他们正确地用在下面的句子中。

   读万卷书，行万里路

   一分耕耘，一分收获

   少壮不努力，老大徒伤悲

   笑一笑，十年少

不听老人言，吃亏在眼前

活到老，学到老

1）小李，别愁眉苦脸的，开心一点嘛，"＿＿＿＿＿＿＿＿＿＿＿＿＿＿＿＿＿＿"。

2）咱们应该向李大妈学习，人家都六十多岁了，还坚持上老年大学，真是"＿＿＿＿＿＿＿＿＿＿＿＿＿＿＿＿＿＿＿＿＿＿＿＿"啊！

3）俗话说得好："＿＿＿＿＿＿＿＿＿＿＿＿＿＿＿＿＿＿"，我相信今天付出的努力一定会换来将来的成功。

4）去世界各地旅游能长见识，古人说得好："＿＿＿＿＿＿＿＿＿＿＿＿＿＿＿＿"嘛。

5）我把自己多年的经验都告诉了他，可他就是不听，现在果然把事情弄砸了，真是"＿＿＿＿＿＿＿＿＿＿＿＿＿＿＿＿＿＿＿＿＿＿＿＿＿＿＿＿"。

6）我们趁着年轻的时候应该多把时间花在学习知识上，否则就会"＿＿＿＿＿＿＿＿＿＿＿＿＿＿＿＿＿＿＿＿＿＿＿＿＿＿＿＿"。

三、选择下面的词语填在横线上。

冒昧　　享受　　自食其力　　收入　　高档　　负担

优惠　　规划　　眼花缭乱　　偶尔　　定位　　络绎不绝

1. 商场里的商品很多，真是令人＿＿＿＿＿＿＿。

2. 父母操劳大半辈子，现在是该＿＿＿＿＿＿＿一下生活了。

3. 这辆车的价格太高了，我现在还＿＿＿＿＿＿＿不起。

4. 在和外国人聊天时，问他们的薪水是很＿＿＿＿＿＿＿的。

5. 年轻人应该好好＿＿＿＿＿＿＿自己的未来。

6. 我现在就是一个"月光族"，每个月的＿＿＿＿＿＿＿几乎刚好满足支出。

7. 这个展览很受欢迎，几个星期以来每天参观的人都_____。

8. 这家酒店是五星级的，相当_____。

9. 那家饭店我不太熟悉，只是_____去过几次。

10. 我是你们的老顾客了，这件衣服的价格能不能再_____一点？

四、听录音，请根据录音内容选择正确答案。

1. A. 饭店　　　　　　　B. 银行　　　　　　　（　　）
   C. 书店　　　　　　　D. 酒吧

2. A. 3000元　　　　　　B. 2400元　　　　　　（　　）
   C. 800元　　　　　　D. 840元

3. A. 他不喜欢那套西装　　B. 他的衣服太多了　　（　　）
   C. 他没钱了　　　　　D. 他还没吃饭

4. A. 50元　　　　　　　B. 100元　　　　　　（　　）
   C. 150元　　　　　　D. 0元

5. A. 在教室　　　　　　B. 在电影院　　　　　（　　）
   C. 在网吧　　　　　　D. 在家里

6. A. 第一位　　　　　　B. 第三位　　　　　　（　　）
   C. 第四位　　　　　　D. 最后一位

7. A. 衬衫　　　　　　　B. 鞋子　　　　　　　（　　）
   C. 裙子　　　　　　　D. 袜子

8. A. 这件羊毛衫并不含羊毛　　B. 这件羊毛衫很便宜　　（　　）
   C. 女的很会讨价还价　　　D. 女的可能上当了

9. A. 男的以后再也不会来这儿买衣服了 （   ）
   B. 男的只是说说客气话
   C. 男的对这次买的衣服很满意
   D. 男的生气了

10. A. 减肥　　　　　　　　　B. 爱好 （   ）
    C. 理发　　　　　　　　　D. 讨价还价

五、听录音，判断下面的句子是否符合原文的意思。

（   ）1. 美国波士顿大学的经济收入已占到城市经济的65%。

（   ）2. 北京海淀区的学院经济圈已经成为都市经济发展的核心利润增长点。

（   ）3. 在上海、武汉、西安等大中专院校非常集中的城市，高校经济圈对地方经济发展的作用还很小。

（   ）4. 调查显示，从全国范围来看，目前高校学生人均每月有240元用于外出就餐、购物、娱乐等方面的支出。

（   ）5. 由于大学生的消费能力较低，高校周边物业租金已连续多年呈下降态势。

（   ）6. 对中国大多数城市来说，高校周边的房地产开发越来越难，因为学生更愿意选择校内便宜的宿舍居住。

（   ）7. 文中提到，产权学生公寓正成为成都校园经济的最热点。

（   ）8. 高校对周边社区的辐射作用与高校本身具有深厚的人文底蕴有关。

（   ）9. 大学校园周边的商业模式以餐饮、娱乐、休闲、批发等经营业态为主。

（   ）10. 为了拉动区域经济繁荣，一些城市放弃了教育培训产业，转向了休闲旅游、会展经济等多种产业。

六、听录音，将以下5类消费者的比例写下来，并选择符合他们特点的选项填入表格中。

A. 讲究物有所值

B. 国际品牌还是国内品牌对他们来说区别不大

C. 喜欢购买最新技术和新潮的东西

D. 为买得划算情愿等到商品降价

E. 以质量为第一位

F. 购买自己的偶像代言的产品

G. 乐于尝试新事物

H. 买名牌

I. 容易受到广告影响

消费类型	百分比	特　　点
敢于冒险者		
努力耕耘者		
价格至上者		
潮流追随者		
时代落伍者		

七、演讲。

1. 以你所在的学校为例，做做调查和访问，写一篇《校园经济圈》的演讲稿，并讲给同学们听。

2. 以你的家乡的一个经济圈为例，查阅资料，写一篇《我国的××经济圈》的演讲稿，并讲给同学们听。

第六单元 投资有道

热身话题

1. 如果你每月的生活费有结余，你会怎么管理这些钱？
2. 如果你工作了、有了家庭，会用什么方法管理钱？
3. 在你的国家，人们喜欢在哪些方面进行投资？

课文1
家庭理财

理财	lǐ cái	支出	zhī chū
结余	jié yú	储蓄	chǔ xù
利息	lì xī	收益	shōu yì
风险	fēng xiǎn	金融	jīn róng
稳定	wěn dìng	创业	chuàng yè
积累	jī lěi	保险	bǎo xiǎn
积蓄	jī xù	成家立业	chéng jiā lì yè
有朝一日	yǒu zhāo yí rì	有备无患	yǒu bèi wú huàn

一、听课文录音,根据听到的内容选择正确的答案(可能不止一个正确答案)。

1. 陈先生夫妇的月收入是（　　　）

   A. 税后 5000 元　　　　　　　　B. 税后 14000 元

   C. 税后 19000 元　　　　　　　　D. 税后 50000 元

2. 陈先生夫妻二人的家庭财产有（　　　）

   A. 房产 80 平方米　　　　　　　B. 高档汽车一部

C. 存款 50 万元　　　　　　　　　D. 房贷

3. 陈先生夫妻二人每年的固定支出大概在（　　）

　　A. 1 万元左右　　B. 2 万多　　C. 4 万到 5 万　　D. 15 万左右

4. 陈先生夫妻二人每年剩余的钱大概是（　　）

　　A. 1 万元左右　　B. 2 万多　　C. 4 万到 5 万　　D. 15 万左右

5. 陈先生要给双方父母一笔赡养费的理由是（　　）

　　A. 父母年龄大了　　　　　　　B. 父母退休了

　　C. 他和妻子成家立业了　　　　D. 父母身体不好

6. 专家认为黄金、外汇投资怎么样？（　　）

　　A. 风险很大　　　　　　　　　B. 风险较小

　　C. 收益较高　　　　　　　　　D. 收益较低

7. 对陈先生创业，专家的建议是（　　）

　　A. 用储蓄积累创业金　　　　　B. 用投资股票的方式积累创业金

　　C. 先学习再创业　　　　　　　D. 利用工作之外的时间进行创业

8. 专家建议陈先生为自己补充商业保险的理由是（　　）

　　A. 陈先生的身体不太好　　　　B. 陈先生是家庭生活的支柱

　　C. 在私企工作不稳定　　　　　D. 陈先生的工作危险性比较大

9. 想在陈先生家附近买小一居房子的人是（　　）

　　A. 陈先生的父母　　　　　　　B. 陈先生的妻子的父母

　　C. 陈先生的妻子　　　　　　　D. 其他人

10. 专家提出"以租养贷"的意思是（　　）

　　A. 用房子得到贷款

B. 用贷款买房子

C. 用出租旧房子的租金偿还买新房子的贷款

D. 卖掉旧房子买新房子

二、听录音，根据记忆判断正误。

（　　）1. 陈先生夫妻二人工作的单位都是在私营企业。

（　　）2. 陈先生夫妻二人都是北京人。

（　　）3. 陈先生夫妻因为工作压力不想要孩子。

（　　）4. 陈先生夫妻二人每月的开销大约是2000元。

（　　）5. 陈先生每年能够储蓄的钱不到20万元。

（　　）6. 陈先生的父母没有工作，需要陈先生赡养。

（　　）7. 专家建议陈先生学习一些金融知识，以便提高存款的收益率。

（　　）8. 陈先生想创业是因为在私企工作收入不高。

（　　）9. 专家认为，保险的费用控制在年收入的2%，不会增加支出的压力。

（　　）10. 陈先生现在每月要还房屋贷款4074元。

三、根据课文内容，将下面一段话补充完整，并读一读。

陈先生夫妇月收入合计约（　　）元，即年收入（　　）元左右。家庭每年的（　　），算上（　　）费、养车费以及（　　）支出等方面，合计约4.4万元，陈先生一家并无（　　）、（　　）等负债，算上一些计划外的支出，夫妻两个每年的支出应该不会超出（　　）。这么说起来，陈先生一家每年可以存款在（　　）万以上，可以说储蓄能力极强。

第六单元　投资有道

热身话题

1. 如果你每月的生活费有结余,你会怎么管理这些钱?
2. 如果你工作了、有了家庭,会用什么方法管理钱?
3. 在你的国家,人们喜欢在哪些方面进行投资?

课文2

月入三千也可幸福地生活

快餐	kuài cān	伙食	huǒ shí
扩大	kuò dà	人际	rén jì
交情	jiāo qing	延续	yán xù
分享	fēn xiǎng	经验	jīng yàn
提升	tí shēng	本钱	běn qián
账户	zhàng hù	批发	pī fā
赚钱	zhuàn qián	亏损	kuī sǔn
志同道合	zhì tóng dào hé		

一、听录音，根据课文内容判断正误。

（　）1. 根据作者的设计，生活费占去总收入的 1/6。

（　）2. 每月五六百元的生活费对年轻人不合适。

（　）3. 可以请感激你的人吃饭。

（　）4. 读书并将学到的知识与人分享能提高你的水平。

（　）5. 与朋友一起参加高级培训，将会提高你的水平。

（　）6. 参加培训能使你交到有共同目标的朋友。

（　）7. 旅游可以使你的生活充满希望。

（　　）8. 作者不建议储蓄。

（　　）9. 在淘宝网上经营一家网店的风险不太高。

（　　）10. 低成本的投资可以使你获得自信、胆量和经验。

二、根据课文内容，在下面的表格里填上适当的内容。

	用　　途	具 体 安 排
第一份：＿＿元		1. 早餐： 2. 中餐： 3. 晚餐：
第二份：＿＿元		1. 怎样使用电话费： 2. 怎样请客：
第三份：＿＿元		1. 看完书后要： 2. 怎样参加培训：
第四份：＿＿元		1. 怎样吃： 2. 怎样住：
第五份：＿＿元		1. 2. 3. 做进货的本钱

三、根据课文分组讨论下列问题,在班上公布你们小组的观点。

1. 你认为课文中提出的"五分法"可行吗?为什么?
2. 用"几分法"试着规划一下你将来的生活。
3. 对本文"广交朋友"的观点,你同意吗?说说你的看法。
4. "学习"在生活中有什么作用?
5. 你们认为"人生是可以设计的,幸福是可以准备的"这句话有道理吗?举个例子,证明你们的观点。
6. 谈一谈你们是如何理解"在你穷的时候,要少在家里,多在外面;在你富有的时候,要多在家里,少在外面"这句话的。

四、语言活动:辩论。

1. 通过抽签:4人一队,两队为一组。
2. 辩论题目:正方:"五分法"是可行的;反方:"五分法"不可行。
3. 每组4位选手分别为:1辩、2辩、3辩、4辩。
4. 辩手分工: 1辩:提出观点

     2辩:论述观点

     3辩:向对方辩手提出问题,反驳对方辩手的论述(自由辩论)

     4辩:在辩论的基础上总结陈述己方观点

综合练习

一、阅读下面关于轻声的文字，然后做练习。

　　大部分汉字书面语都有其固定的声调，但在口语中，很多音节读得短而轻，我们称为"轻声"。那么，究竟哪些音节该读轻声呢？下面是一些在汉语里读轻声的字与词。

　　1."吗、吧、呢、啊、嘛"等语气词

　　　　例如：你是美国人吗？

　　　　　　这件衣服真漂亮啊！

　　2."的、地、得"等结构助词

　　　　例如：他高兴得说不出话来。

　　　　　　这是他的房间。

　　3."着、了、过"等时态助词

　　　　例如：他已经回家了。

　　　　　　你吃过饭了吗？

　　4."子、们、头"等名词或代词的后缀

　　　　例如：儿子、同学们、舌头

　　5.叠音的亲属称谓的后一个字

　　　　例如：爸爸、妈妈、姐姐、弟弟

　　6.有些方位词的后一个字或表方位的词素

　　　　例如：前边、里头、桌上、出来

　　7.一些实词的后一个字

　　　　例如：吆喝、亲戚、葡萄、大夫、什么

朗读下面句子，把应该读轻声的字词标出来。

1）他们带来了几张桌子和几把椅子。

2）他的舅舅刚从外面走进来。

3）孩子们已经看过这场电影了。

4）别问我们，我们什么也不知道！

5）玻璃杯子就放在桌上呢！

6）他是我和李红的亲戚，我叫他叔叔，李红叫他爷爷。

7）来人了，赶紧吆喝，叫他们过来买东西。

8）你姐姐呢？是不是走到前边去了？

9）我最爱吃的水果是葡萄。

10）大夫，我爷爷到底得了什么病？

二、选择下面的词语填在横线上。

利息　　积累　　创业　　理财　　有备无患　　风险

分享　　赚钱　　人际　　经验　　志同道合　　扩大

1. 我们要学会_____，让自己的财富增值。

2. 近年来，杨老板不断_____自己餐厅的规模。

3. 朋友不仅是能够_____快乐的人，更是能够一起承担痛苦的人。

4. 通过在 W 公司几年的工作经历，小李_____了足够的工作经验。

5. 大学毕业后，这几个年轻人没有到大公司应聘，而是选择了自己_____。

6. 汤姆和大卫是_____的朋友。

7. 要想建立良好的_____关系，就得真诚地对待别人。

8. 这个新项目的_____很大，我们必须慎重。

9. 如果你把钱存到银行，就会定期获得_____。

10. 小张做事喜欢做两手准备，因为这样就_____了。

三、听录音，请根据对话内容选择正确的答案。

1. A. 在家里做家务事　　　　B. 和儿子、女儿去美国旅游　　（　　）
   C. 在家里画画　　　　　　D. 在家里看电视

2. A. 李红和小张都不打算去打保龄球　　　　　　　　　　（　　）
   B. 李红打算去打保龄球，但小张不打算去打
   C. 李红不同意和小张一起去打保龄球
   D. 李红将和小张一起去打保龄球

3. A. 他觉得学打保龄球比游泳难　　　　　　　　　　　　（　　）
   B. 他觉得学打保龄球没有游泳难
   C. 他觉得学游泳很难
   D. 他觉得学打保龄球很难

4. A. 听音乐　　　　　　　　B. 在家休息　　　　　　　　（　　）
   C. 爬山　　　　　　　　　D. 加班

5. A. 小孙的踢球技术很差　　　　　　　　　　　　　　　（　　）
   B. 上次踢球师范大学球队输了
   C. 上次踢球小孙的球队输了
   D. 昨天踢球小孙的球队赢了

6. A. 他不喜欢加班　　　　　　　　　　　　　　　　　　（　　）
   B. 他不喜欢锻炼
   C. 他不喜欢学习
   D. 他不喜欢精力充沛的人

7. A. 恋人 B. 夫妻 （　　）
   C. 同事 D. 上下级

8. A. 希望他有地位，因为只有这样生活才一定会幸福 （　　）
   B. 希望他有钱，因为只有这样生活才一定会幸福
   C. 希望他有地位，还要有钱，因为只有这样生活才一定会幸福
   D. 希望他有地位，还要有钱，虽然有了这些生活不一定会幸福

9. A. 经常举办晚会可以让大家更愿意加班 （　　）
   B. 经常举办晚会可以让大家有机会唱歌、跳舞
   C. 经常举办晚会可以让员工相互了解
   D. 经常举办晚会可以让员工更喜欢老板

10. A. 女的丈夫 B. 女的同事 （　　）
    C. 女的下级 D. 导游

四、听录音，选择正确的答案（可能不止一个正确答案）。

1. 广东大学三年级的女孩子是靠什么致富的？（　　）
   A. 在四川长虹工作 B. 买四川长虹的股票
   C. 父母给了她20万元钱 D. 为企业分析股票的上涨、分红

2. 课文中30岁的女士投资的（项目）是（　　）
   A. 买股票 B. 买郊区的商品房
   C. 买市区的商品房 D. 出租市区的旧房

3. 该女士每月实际支付分期付款的钱是多少？（　　）
   A. 500元 B. 800元
   C. 1200元 D. 1500元

4. 10年后该女士致富的原因是（　　）

　　A. 房产市值涨了很多　　　　　　B. 房子的租金涨了很多

　　C. 她在商业中心买了两套房产　　D. 她卖了两套房产

5. 关于该女士10年前在郊区买的房产，正确的说法是（　　）

　　A. 当时她花了2000元/平方米买这个房子

　　B. 现在这个房子已经涨到2万元/平方米了

　　C. 现在这个房子已经处于城市的商业中心了

　　D. 现在这个房子的租金已经涨到4000多元了

6. 现在这位女士市区的房子的月租金是（　　）

　　A. 1500元　　　B. 2000元　　　C. 4000元　　　D. 20000元

7. 关于股票和房产，以下说法正确的是（　　）

　　A. 投资股票和房产不可能使人一夜暴富

　　B. 投资股票和房产可能使人一夜暴富

　　C. 投资股票和房产可能使人倾家荡产

　　D. 投资股票和房产不可能使人倾家荡产

8. 课文认为，要抓住什么诀窍来投资才会致富？（　　）

　　A. 选择无风险的项目投资　　　　B. 平稳投入

　　C. 不要太着急　　　　　　　　　D. 不断积累

五、听录音，在横线上填入听到的内容。

对那些习惯超前消费，对未来生活毫无计划的人，_____专家形象地称他们为"月光族"。虽然目前的生活过得光鲜亮丽，但是一旦要添置大件物品，或是遇到紧急情况需要有_____支持的话，"月光族"就没辙了。

如何才能让"月光族"做个彻底的改变呢？

第一步：节流。"月光"族最首要的就是控制每月_____。比如：减少泡吧、K歌，尽量减少在外就餐次数和_____。穿着方面，要坚持衣服在精不在多的原则，有计划地购买。日常生活支出要控制在_____的1/3左右。

第二步：强制_____。"月光族"们要给自己设定每个月的目标，每个月必须在银行存多少钱，以此来_____财富。建议各位"月光族"可以采用定期定额投资的方式，不但可以起到强制储蓄的功效，而且还可以获得较高的回报。

第三步：投资。"月光族"还需要为自己的生活预留一部分紧急备用金，来应变不时之需。由于年轻人_____承受能力较高，所以可以考虑进行一些操作较为简单、_____较高的投资。建议可以购买一些银行发售的_____产品，或者投资_____也是值得考虑的。

六、根据下面提供的资料，为这个家庭设计一个理财的计划。

刘先生，一家三口人，夫妻工作稳定，五险一金都有，家庭月收入2万元。每月支出生活费3000元，孩子一岁月支出500元，其他消费支出1500元，一年旅游1万元。

资产：住房一套，市值400万元左右；银行理财产品40万元年中到期，活期存款3万元左右。

理财目标：（1）想给孩子准备一笔教育基金；（2）计划年中或年底购买一辆15万到20万元的车；（3）40万理财产品到期，想投资一个小商铺。

七、演讲。

假如你有500万元，你将做些什么？使用"几分法"对这500万元进行安排。请以《假如我有500万》为题，写一篇演讲稿，并讲给同学们听。

第七单元　商务礼仪

热身话题

1. 你应邀参加过朋友的家宴吗？能否介绍一下事先你要做哪些准备？
2. 你在婚礼中当过伴郎/伴娘吗？想想看，那一天你会穿什么样式的服装？
3. 在你的国家，商务往来会有哪些形式？

课文1

我要参加公司的商务酒会

讲究	jiǎng jiu	后悔	hòu huǐ
礼仪	lǐ yí	邀请	yāo qǐng
正餐	zhèng cān	自助	zì zhù
打扮	dǎ ban	隆重	lóng zhòng
毕竟	bì jìng	场合	chǎng hé
震动	zhèn dòng	抱歉	bào qiàn
缩短	suō duǎn	脱颖而出	tuō yǐng ér chū
心不在焉	xīn bú zài yān		

一、听录音，根据课文内容判断正误。

( ) 1. 李虹不是那家公司的正式员工。

( ) 2. 李虹大学时期选修过商务礼仪课程。

( ) 3. 王欣的专业可能和商务礼仪有关。

( ) 4. 商务酒会是一种比较隆重的宴会形式。

( ) 5. 黑色的小短裙是职业女性在任何场合都可选择的服装。

( ) 6. 商务酒会中要积极主动地选择自己感兴趣的对象进行交谈。

( ) 7. 酒会举行中，接听电话时应该走开。

（　　）8. 商务酒会在就餐方面没有什么讲究。

（　　）9. 自助式商务酒会的主要目的是交流。

（　　）10. 把你要吃的食物一次全部放到盘子里是正确的做法。

二、听录音，根据课文内容选择正确答案（可能不止一个正确答案）。

1. "什么火烧眉毛的事？"一句中"火烧眉毛"的意思是（　　）

   A. 火烧得很急　　　　　　　　B. 火烧到了眉毛

   C. 比喻遇到了比较危险的事　　D. 比喻遇到了紧急的事

2. "你说公司早不通知，晚不通知，偏偏快下班了才通知我。"这句话表示的是（　　）

   A. 抱怨　　　　B. 激动　　　　C. 高兴　　　　D. 不在乎

3. 参加商务酒会时的着装应该是（　　）

   A. 完全职业化的服装　　　　B. 高雅庄重的礼服

   C. 大方舒适的休闲装　　　　D. 半职业的服装

4. 王欣建议李虹的着装是（　　）

   A. 黑色小西服，小黑裙，黑皮鞋

   B. 白色小西服，白色小裙，深色皮鞋

   C. 白色小西服，小黑裙，深色皮鞋

   D. 黑色小西服，白色小裙，黑色皮鞋

5. 酒会上交流的原则是（　　）

   A. 愉快　　　　B. 友善　　　　C. 亲切　　　　D. 主动

6. 如果不想继续和对方交谈，可以（　　）

   A. 给机会让对方离开

B. 自己离开

C. 两人一起去见同一位都熟悉的人

D. 参加到附近聊天的人群中去

7. 酒会上与人谈话时不应该（　　）

   A. 主动与对方打招呼　　　　B. 不耐烦

   C. 注意力不集中　　　　　　D. 突然打断与对方的谈话

8. 参加商务酒会关于手机要注意的事项是（　　）

   A. 不能关闭手机

   B. 不要长时间地接听电话

   C. 如果有重要的事情需要开手机，将手机调成震动或静音

   D. 如果必须接听电话一定要取得对方的谅解

9. 自助商务酒会一般会准备（　　）

   A. 菜肴　　　　　　　　　　B. 点心

   C. 红酒　　　　　　　　　　D. 水

10. 以下符合商务酒会礼仪的是（　　）

    A. 不要用左手吃东西　　　　B. 不要用右手握酒杯

    C. 不要随意与别人碰杯　　　D 不要吃得太多

二、复述练习。

请用自己的话把王欣说的礼仪方面的注意事项重复一遍。

UNIT 7

第七单元　商务礼仪

热身话题

1. 你应邀参加过朋友的家宴吗？能否介绍一下事先你要做哪些准备？
2. 你在婚礼中当过伴郎/伴娘吗？想想看，那一天你会穿什么样式的服装？
3. 在你的国家，商务往来会有哪些形式？

课文2

商务宴请ABC

生词

宴请	yàn qǐng	联络	lián luò
征求	zhēng qiú	禁忌	jìn jì
地位	dì wèi	优势	yōu shì
倾听	qīng tīng	分歧	fēn qí
妥当	tuǒ dàng	干扰	gān rǎo
粗鲁	cū lǔ	斟酒	zhēn jiǔ
旁若无人	páng ruò wú rén		

练习

一、听录音，根据课文内容判断正误。

（   ）1. 宴请的形式最好是由客人决定。

（   ）2. 宴请时间的安排要注意到客人的宗教信仰，风俗习惯。

（   ）3. 在家中宴请客人会让客人感到你的重视。

（   ）4. 宴请前要与餐馆谈好价钱。

（   ）5. 对基本礼仪不重视的人不会得到客户的信任。

（   ）6. 商务宴请中你的举止、坐姿，甚至谈话的声音都会影响到你的形象。

（   ）7. 不要带手机去高级餐厅。

（   ）8. 应该先碰杯后致祝酒词。

（　　）9. 客人不可以主动提议向主人敬酒。

（　　）10. 主人致祝酒词时不能抽烟。

二、听录音，选择正确的答案（可能不止一个正确答案）。

1. 商务宴请的目的一般是（　　）

   A. 欢迎　　　　　　　　　　B. 答谢

   C. 联系一下加强感情　　　　D. 庆祝双方的合作

2. 宴请的时间一般要注意什么？（　　）

   A. 避开客人的节日　　　　　B. 避开客人禁忌的日子

   C. 避开星期五　　　　　　　D. 避开 13 这个数字

3. 如果邀请的是一位时间非常紧张的客人，可以选择什么时间与对方见面？（　　）

   A. 早餐　　　　　　　　　　B. 午餐

   C. 喝咖啡的时间　　　　　　D. 锻炼后的时间

4. 在哪里请客人用餐是最适合的？（　　）

   A. 公司　　　B. 家里　　　C. 餐馆　　　D. 户外

5. 课文中提到，在商务宴请中有以下行为的人是不合适的（　　）

   A. 不会使用刀叉　　　　　　B. 打电话

   C. 用餐巾纸擦鼻子　　　　　D. 不用餐巾纸

6. 商务宴请中有如下用餐的礼仪（　　）

   A. 不要吃得太快　　　　　　B. 不要吃得太慢

   C. 要把食物立刻切好　　　　D. 不要嘴含着食物说话

7. 以下行为不妥当的是（　　）

　　A. 胳膊支在桌子上　　　　　B. 责骂服务员

　　C. 大声说话　　　　　　　　D. 谈论政治话题

8. 什么酒不用斟满？（　　）

　　A. 白酒　　　　　　　　　　B. 香槟

　　C. 葡萄酒　　　　　　　　　D. 清酒

9. 首先发表祝酒词的应该是（　　）

　　A. 男主人　　　　　　　　　B. 女主人

　　C. 主宾　　　　　　　　　　D. 其他客人

10. 年轻人与长者碰杯时，应该（　　）

　　A. 先鞠躬后碰杯　　　　　　B. 点点头

　　C. 稍微弯腰　　　　　　　　D. 杯子举得比对方低

三、读下面的例句，体会黑体字的用法，然后仿造一个句子。

1. 宴请的形式根据内容和客人来决定，**有**中餐，**有**西餐，**有**隆重的晚宴，**也有**自助的酒会。

　　造句：_____

2. 商务宴请中礼仪是非常重要。**所谓**礼仪**就是**让别人更舒服、更受到尊重的一种感觉。

　　造句：_____

3. 商务用餐少不了饮酒。**一般来说**，在斟酒的时候要把每个人的酒杯斟满，**但是**，葡萄酒、香槟酒和白兰地例外，只宜斟到酒杯的 2/3 处。

　　造句：_____

三、根据课文内容回答下面问题。

1. 常见的商务宴请的内容和形式是什么？
2. 商务宴请的用餐地点怎么选择？
3. 课文告诉我们在商务宴请中要注意的是哪几个方面？

四、口语练习。

1. 在你自己的国家敬酒时有哪些讲究？请把它告诉同学。
2. 你做客时是否有失礼的时候？如果有，请讲给同学们听。

综合练习

一、阅读下面一段关于"一"和"不"变调的文字，然后做练习。

在汉语中"一"原调读作"yī"，"不"读作"bù"，但当它们和其他一些字连读时候，会发生变调。

1. "一"在下面这些情况下变调：

　　1）"一"在第四声字和轻声字前读第二声；

　　　　例如：一样、一座、一位

　　2）"一"在第一、二、三声字前读第四声；

　　　　例如：一般、一年、一种

　　3）夹在重叠的动词之间读轻声；

例如：尝一尝、想一想

4）用在动词、形容词与量词之间读轻声。

例如：走一趟、认识一下儿、便宜一些

2. "不"在下面这些情况下变调：

1）在第四声字前读第二声；

例如：不错、不在、不像

2）在动补结构的词语中间或相同词语中间时读轻声。

例如：说不定、睡不着、能不能、会不会

3. 准确读出下面的词语，注意"一"和"不"的读音变调：

一个	一斤	一两
一天	一团	一早
不乖	不行	不够
不是	不累	不好

4. 读下面的句子，注意"一"和"不"的读音：

1）你可不能和他这个不三不四的人混在一块儿。

2）我们不知不觉就开出了一百里。

3）我只买到了一本书，别东西的都买不着了。

4）他们俩一前一后走进了教室。

5）他们俩是不一样的人，你为什么要用一个标准来要求他们呢？

5. 下列词语中，哪些"一"和"不"应该读轻声：

A. 起不来	B. 不可以	C. 找一找	D. 找不到
E. 第一次	F. 我不去	G. 不认识	H. 一马当先
I. 试一试	J. 不瞒您说	K. 二十一	L. 认识不认识
M. 大吃一惊	N. 等不及	O. 贵一点儿	P. 初中一年级

二、选择下面的词语填在横线上。

| 隆重 | 打扮 | 毕竟 | 邀请 | 后悔 | 心不在焉 |
| 征求 | 优势 | 联络 | 妥当 | 干扰 | 倾听 |

1. 我对于自己做出的每一个决定都不_____。
2. 小秦遇到什么事儿了吗，怎么今天一副_____的样子？
3. 我想_____杨总明天到我们公司来参观。
4. 你今天的做法确实不太_____，以后遇到类似的事情要多注意。
5. 虽然错不在你，但他_____是我们的顾客，你不应该和他争吵。
6. 张红每天都把自己_____得漂漂亮亮。
7. 我们的产品在价格方面没有_____，所以我们更要注重质量。
8. 这件事情你应该_____一下老李的意见，他比较有经验。
9. 要学会沟通，首先要学会_____。
10. 这个仪式很_____，总统和市长都会出席。

三、听录音，根据对话内容选择正确答案。

1. A. 一点也不好吃　　　　B. 的确很好吃　　　　　　（　　）
   C. 比饭店的差多了　　　D. 非常一般

2. A. 很热　　　　　　　　B. 很冷　　　　　　　　　（　　）
   C. 下雨　　　　　　　　D. 晴天

3. A. 因为王小姐和小杨是朋友　　　　　　　　　　　（　　）
   B. 因为王小姐帮助了他
   C. 因为男的有事要请王小姐帮忙
   D. 因为王小姐不想做饭

4. A. 夫妻　　　　　　　　　B. 商业伙伴　　　　　　（　　）
   C. 战友　　　　　　　　　D. 同事

5. A. 眼睛得病了　　　　　　B. 故意为难小张　　　　（　　）
   C. 正在和小张玩游戏　　　D. 不想和小张做朋友了

6. A. 上班路上发生事故　　　B. 调到人事部去上班　　（　　）
   C. 这个月没有奖金了　　　D. 上班迟到了

7. A. 总经理　　　　　　　　B. 小李　　　　　　　　（　　）
   C. 董事长　　　　　　　　D. 谁都不去

8. A. 他们没有得到那个项目　　　　　　　　　　　　（　　）
   B. 他们得到了那个项目
   C. 不相信他们得到了那个项目
   D. 不知道他们得到了那个项目

9. A. 老张只懂一个问题　　　B. 老张讲得很难　　　　（　　）
   C. 只有老张自己懂　　　　D. 老张自己也不懂

10. A. 在吵架　　　　　　　　B. 在学习　　　　　　　（　　）
    C. 在讨论　　　　　　　　D. 男的在劝女的

四、听录音，请根据句子内容填空。

1. 小张结婚时,向亲戚朋友发了几百份（　　）,结婚（　　）办得相当热闹。
2. 明天是我女朋友22岁生日，我打算为她（　　）一个生日晚会。
3. 自从当了总经理以后，（　　）越来越多，感到很疲劳。
4. 吃中餐时，人们习惯给别人（　　）、（　　），但我不喜欢这种方式。

5. 他的妻子把家里收拾得干干净净，真是一个（　　）的人。

6. 真没想到他会来拜访我，我觉得很（　　）。

7. 有些男人吃饭的时候（　　），给人的印象特别不好。

8. 中国的饮食文化十分丰富，连（　　）都是很有讲究的。

9. 昨天我去一个朋友家吃饭，朋友的妈妈做了很多（　　）的菜给我们吃。

10. 最近经常有人请我吃大餐，但我的（　　）却不好。

五、听录音，完成下面的练习。

1. 听课文录音，选择正确的一项填在横线上。

　　1）我们的老板是一个_____。

　　　A. 喜欢休息的人　　　B. 努力工作的人　　　C. 喜欢开 PARTY 的人

　　2）今天是_____。

　　　A. 周末　　　B. 老板的生日　　　C. 假日

　　3）老板的家_____。

　　　A. 交通便利　　　B. 环境优美　　　C. 离办公室很远

　　4）我们来到老板家，最先看到的是_____。

　　　A. 老板　　　B. 老板的女儿　　　C. 门上的"福"字

　　5）我们对老板家的布置感到_____。

　　　A. 很喜欢　　　B. 很羡慕　　　C. 很惊讶

　　6）老板有_____。

　　　A. 一个女儿　　　B. 两个女儿　　　C. 三个女儿

7）老板的妻子_____。

　　A. 最喜欢吃北京烤鸭

　　B. 最擅长做北京烤鸭

　　C. 从餐馆买了北京烤鸭给我们吃

8）我们玩麻将时，老板希望我们_____。

　　A. 不要赢他　　　B. 不要输给他　　　C. 不要瞧不起他

9）弹钢琴的人是_____。

　　A. 爱德华　　　B. 爱德华的妻子　　　C. 爱德华的女儿

10）今天的晚会气氛_____。

　　A. 很热闹　　　B. 很不热闹　　　C. 很出人意料

2. 听课文录音，请根据课文内容回答下面的问题。

1）在员工的眼里，爱德华是个什么样的人？

2）今天我们为什么特别高兴？

3）为什么老板的家让我们感到惊讶？

4）老板的妻子是个什么样的人？

5）晚餐后我们做了些什么事情？

6）我们对老板的看法有什么变化？

六、根据录音，将提到的吃中餐的礼仪选择出来。

A. 举行正式宴会要提前向客人发请柬。

B. 客人收到请柬后要及时回复主人。

C. 参加宴会时，客人最好不要迟到。

D. 客人应该带礼物来参加宴会。

E. 吃中餐时，上菜的顺序一般是先上热菜，后上凉菜，最后上汤。

F. 主人敬酒时，客人要表示对主人的感谢。

G. 别人劝酒时要尽量喝下去。

H. 在宴席上，不要大声说话，更不要狼吞虎咽。

I. 用餐结束后，客人可以离开宴席。

J. 主人宣布结束以后，客人再离开宴席。

K. 用餐结束后，客人一定要向主人表示感谢后再离开。

七、口语练习。

同一国家的同学在一起，将你们国家宴请上一些有特点的习俗排成短剧，表演给其他国家的同学看。

第八单元　求职应聘

 热身话题

1. 你有找工作的经历吗？
2. 你面试的时候会紧张吗？怎么消除紧张情绪？
3. 你认为怎样才能找到一份理想的工作？

课文1
我想找份兼职工作

兼职	jiān zhí	人力资源	rén lì zī yuán
招聘	zhāo pìn	应聘	yìng pìn
简历	jiǎn lì	营销	yíng xiāo
唯一	wéi yī	业绩	yè jì
知名度	zhī míng dù	胜任	shèng rèn
职位	zhí wèi	团队	tuán duì
薪酬	xīn chóu	提成	tí chéng

一、听录音，根据课文内容判断正误。

（　　）1. 赵先生想应聘业务经理的职位。

（　　）2. 王民想找一份兼职工作。

（　　）3. 王民认为好的教师应该有工作的经验。

（　　）4. 王民的家庭负担并不重。

（　　）5. 王民有过兼职工作的经历。

（　　）6. 王民大学时期选择兼职的那家公司是国企。

（　　）7. 这个公司在中国市场上还不是很出名。

（　　）8. 王民认为一个销售员最重要的是自信。

（　　）9. 王民在学校是个受学生欢迎的老师。

（　　）10. 王民得到了那份兼职工作。

二、听录音，根据课文内容选择正确的答案（可能含有一个或多个正确答案）。

1. 王民的工作是（　　）

   A. 营销专业的教师　　　　　　B. 业务经理

   C. 一线营销人员　　　　　　　D. 高职学校的老师

2. 王民想做兼职的原因是（　　）

   A. 积累实践经验　　　　　　　B. 可以带来可观的收入

   C. 减轻家庭负担　　　　　　　D. 不喜欢教师的工作

3. 王民曾经做过的工作有（　　）

   A. 企业代理　　　　　　　　　B. 协调员

   C. 发展部经理　　　　　　　　D. 服务员

4. 关于这个公司，以下说法正确的是（　　）

   A. 它的产品主要在美国和加拿大销售

   B. 它是美国同行业中最大的公司

   C. 它是加拿大同行业中最大的公司

   D. 它是在美国成立的

5. 王民认为自己应聘这个职位的优势是（　　）

   A. 能独立开展工作　　　　　　B. 有工作经验

   C. 有理论知识　　　　　　　　D. 人际交往能力强

6. 王民一个月最少可以获得多少工资？（   ）

    A. 1500元　　　　B. 2000元　　　　C. 3000元　　　　D. 4000元

7. 如果王民的销售业绩好，他的试用期可能是（   ）

    A. 一个月　　　　　　　　　　B. 不到三个月

    C. 三个月　　　　　　　　　　D. 三个月以上

8. 王民什么时候能知道应聘的结果？（   ）

    A. 不知道　　　　　　　　　　B. 已经知道了

    C. 不超过一个月就能知道了　　D. 一个月以后才能知道

9. 关于王民，以下说法正确的是（   ）

    A. 他很自信　　　　　　　　　B. 他不适合当老师

    C. 周经理不太喜欢他　　　　　D. 还有五位应聘者与他竞争

三、讨论下面的问题。

1. 消除面试紧张的好办法。

2. 面试时的穿着打扮应该注意些什么？

第八单元　求职应聘

UNIT 8

热身话题

1. 你有找工作的经历吗?
2. 你面试的时候会紧张吗? 怎么消除紧张情绪?
3. 你认为怎样才能找到一份理想的工作?

课文2

面试的技巧

紧张	jǐn zhāng	劣势	liè shì
诚实	chéng shí	贬低	biǎn dī
掌握	zhǎng wò	待遇	dài yù
聘用	pìn yòng	谦虚	qiān xū
知难而退	zhī nán ér tuì	画蛇添足	huà shé tiān zú
对答如流	duì dá rú liú	恰到好处	qià dào hǎo chù

一、听录音，根据课文内容选择正确答案（可能不止一个正确答案）。

1. 刚毕业的大学生面试时应该做到的第一步是（　　）

　A. 对自己的长处尽量多介绍，回避自己的短处

　B. 对自己的长处短处要实事求是地介绍

　C. 什么都少说，让面试官自己去判断

　D. 不要回答不懂的问题

2. 关于卡耐基，以下说法正确的是（　　）

　A. 他对打印机的性能不够了解

　B. 他对农场主很有感情

　C. 他不知道怎么向农场主推销打印机

D. 他是个诚实的人

3. 卡耐基的故事告诉我们，求职的秘诀是（　　）

　　A. 说真话

　　B. 自信

　　C. 证明自己可以做到别人做不到的事情

　　D. 具备各行业的知识

4. 面试时主考官一般会提什么样的问题？（　　）

　　A. 可以测试你的能力的问题

　　B. 可以测试你的性格的问题

　　C. 可以测试你的知识面的问题

　　D. 可以测试你是否能与别人合作的问题

5. 当面试官问到你的缺点时，你应该（　　）

　　A. 说自己没有缺点

　　B. 不要说自己的缺点

　　C. 说自己的缺点，但要同时展现优点

　　D. 说缺点时不能贬低自己

6. 面试前在薪酬方面应该做的准备是（　　）

　　A. 了解前任工资收入

　　B. 最好不要提这个不太好回答的话题

　　C. 只谈最低工资不谈最高工资

　　D. 了解这个行业的工资待遇情况

7. 与面试官谈论工资待遇的最好时机是（　　）

　　A. 面试刚开始的时候

B. 面试快要结束的时候

C. 当面试官问你这个问题的时候

D. 当面试官流露出对你比较满意的时候

8. 面试回答问题时应该做到（　　）

　　A. 声音适中

　　B. 回答问题要清楚

　　C. 用口头语回答面试官的问题

　　D. 不要反复重复你的回答

9. 面试自我介绍时应注意的事项是（　　）

　　A. 自我介绍要详细

　　B. 时间不要太长，最好在两分钟左右

　　C. 重点介绍与你应聘的岗位有关的内容

　　D. 不要像背书一样地介绍自己

10. 公共关系教授提出孔雀的例子，他的意思是（　　）

　　A. 应聘者应该像孔雀一样善于展现自己的美

　　B. 应聘者应该像孔雀一样注重自己的外表

　　C. 应聘者要表现出保护动物的一面

　　D. 应聘者要向孔雀学习，不要向蛇学习

11. 回答面试官提出的问题时正确的做法是（　　）

　　A. 如果与面试官有不同的看法要立即提出来

　　B. 与面试官交流时态度要自然、自信、诚恳、谦虚

　　C. 与面试官的意见不一致时，可以保持沉默

　　D. 回答问题时要及时、简洁、明确

12. 作者写这篇文章的主要目的是（　　）

　　A. 告诉我们诚实的重要性

　　B. 告诉我们面试的注意事项

　　C. 告诉我们怎样才能获得高工资

　　D. 告诉我们怎样缓解面试中的紧张情绪

二、体会下面两句话，仿照它的格式用黑体字各造一个句子。

1. 面试中**无论**发生什么情况，千万不要中途打断面试官的提问，中途打断别人的说话本来就是很不礼貌的，**更何况**你面对的是考官。

　　造句：_____

2. **即便**是对面试官有异议，**也**要等面试官把问题说完，**然后**再做回答。

　　造句：_____

综合练习

一、多音字练习。

有些字有声调和读轻声时的意思是不一样的。看看下面这些句子中的黑体字，它们读轻声还是不读轻声，意思有什么不同？

1. A：他的方向感很差，常常分不清**东西**南北。

　　B：这个盒子里面装了什么**东西**？

2. A：请告诉我这篇文章的段落**大意**。

B：这可是大事，千万不要**大意**。

3. A：我们要保持**精神**高度集中。

　　B：这小伙子挺**精神**的。

4. A：这个胡同里住着上百户**人家**。

　　B：瞧瞧**人家**张生，整天都在家学习！你呢？

二、选择下面的词语填在横线上。

应聘　　　团队　　　简历　　　唯一　　　胜任　　　紧张

招聘　　　诚实　　　谦虚　　　掌握　　　对答如流　　画蛇添足

1. 明天就要考试了，我很 _____，都睡不着觉了。

2. 这几个公式很重要，大家必须 _____。

3. 我昨天在网站上看到了M公司的 _____ 信息，打算去试试看。

4. _____ 使人进步，骄傲使人落后。

5. 看来王皓复习得很好，因为他对老师的提问 _____。

6. 在竞争日益激烈的今天，能力并不是衡量一个人的唯一标准，_____ 合作意识也很重要。

7. 这项工作需要耐心、细心，你觉得自己能够 _____ 吗？

8. 这老两口 _____ 的心愿就是儿女能够健康快乐。

9. 我们应该做一个 _____ 的人，不要撒谎。

10. 这篇文章里的最后一段没什么作用，反倒有点儿 _____ 了。

三、听录音，根据句子内容填空。

1. 我是王为，想来（　　）贵公司的业务经理。

2. 我是北方汽车公司的（　　）经理，请问您（　　）？

3. 请问先生（　　）在哪家公司工作？

4. 很多企业管理太落后，很可能被（　　）。

5. 我们公司成立的时间不太长，但是很有发展的（　　）。

6. 这家公司的工资跟我以前工作的那家公司的工资（　　）。

7. 你不用担心，凭你的工作（　　）和（　　），一定能找到一份满意的工作。

8. 这份工作太累了，工资又很低，你怎么能（　　）呢？

9. 经理，我一定（　　）我的工作（　　），请您给我分配任务吧。

10. 刚才我太（　　）了，根本做不到（　　）。

四、听录音，根据对话内容选择正确答案（可能不止一个正确答案）。

（一）

1. 他们正在讨论什么问题？（　　）

  A. 工作的问题　 B. 毕业的问题

  C. 要不要生孩子的问题　 D. 要不要结婚的问题

2. 男的希望女的在什么地方工作？（　　）

  A. 深圳　 B. 海南

  C. 北京　 D. 不工作

3. 女的是做什么的？（　　）

  A. 快要毕业的大学生　 B. 已经毕业的大学生

  C. 在报社工作的大学生　 D. 找不到工作的大学毕业生

4. 他们俩可能是什么关系？（　　）

  A. 同学　 B. 同事　 C. 夫妻　 D. 恋人

（二）

1. 春晓现在做什么工作？（　　）

    A. 国有企业的职工　　　　　　B. 一家服装店的老板

    C. 合资公司的职工　　　　　　D. 没有工作

2. 春晓辞去国企工作的主要原因是（　　）

    A. 为了实现自己的梦想

    B. 想多挣点钱

    C. 国企的工作不能吸引她

    D. 想去合资企业工作

3. 哪一项不是春晓的小店经营的项目？（　　）

    A. 制作新服装　　　　　　　　B. 翻新旧服装

    C. 回收旧衣服　　　　　　　　D. 出售服装面料

4. 春晓现在感觉怎么样？（　　）

    A. 很轻松　　B. 后悔　　C. 不满意　　D. 很自豪

5. 这段录音的标题可能是什么？（　　）

    A. 春晓的跳槽经历

    B. 大学毕业生怎样才能实现自己的梦想

    C. 春晓与她的服装店

    D. 服装再生的秘诀

五、听下面各大著名公司对企业人才的要求，并把合适的选项填到相应公司名称的后面。

　　A. 要具备开阔的思路　　　　　B. 经常提一些新点子

C. 有充分的想象力   D. 不是太看重毕业的学校和学历

E. 观察应聘者穿什么衣服，留什么发型

F. 年纪可能不大   G. 比较强调员工的业绩

H. 考察应聘者的自信程度   I. 积极观察生活

J. 需要充满自信的人   K. 重视工作的效率

L. 不一定入行很深   M. 能应对时尚和市场的变化

N. 能很好地调节心态

IBM：_____

欧莱雅：_____

微软：_____

三井：_____

六、口语训练：模拟招聘会。

每 5 人一组，在小组中，1 人扮演招聘者，其余扮演应聘者。招聘者和应聘者需分别准备以下材料：

招聘者：1）公司介绍；2）招聘计划和要求；3）询问应聘者的问题。

应聘者：1）个人简历；2）自我介绍；3）询问应聘者的问题。

第一单元　初 来 乍 到

课文 1　签订合同

安东：您好。不好意思，学校有点事，来晚了，让您久等了。

房东：没关系，谁能没点事儿啊。

安东：李女士，签合同之前，我还想问几个问题。

房东：什么问题？

安东：水、电费、燃气费、物业费都怎么交纳？

房东：电有电卡，你可以自己到附近的银行或邮局拿卡买电，回来输进电表里就可以了。水和燃气是由自来水公司和燃气公司的人每月来查表，然后给你一张交费通知单，你再上银行或邮局去交。

安东：物业费呢？

房东：物业费是每月每平米1.9元，按一年一交。每年初由物业公司统一收取。今年的已经交过了，明年初由你交。

安东：另外，我还需要看一下您这套房子的产权证和您的身份证。

房东：我已经准备好了，这是原件，你核对一下，还有一份复印件附在合同上。

安东：对了，还有一个问题，您这房子能上网吗？

房东：能上网，但没有开通网络。

安东：我学习需要上网。

房东：那你到电话局申请开通就可以了，申请不需要再交费用，但是上网费用要你自己付。

安东：可我不知道电话局在哪儿。

房东：那我帮你申请吧。网络月租费有三种，40元每月使用40小时，98元每月使用100小时，120元包月。你选择哪种？

安东：那就包月吧。

房东：网络费和电话费每月10号之后到银行、邮局都可以交纳。

安东：那就先谢谢您了。

房东：不用谢。签合同之前，你再把房子的各个地方仔细看一看，看有没有什么损坏的地方，一会儿好在合同里注明。

安东：我还真没想到这个问题。

房东：签合同时，最好写清楚房屋现在的情况，尤其是哪儿已经损坏了，一定要写清楚。

安东：我明白了，一会儿我一定仔细检查检查。

房东：这是房屋租赁合同，内容我已经填写好了，你先看看，然后检查房子。我先帮你去电话局申请开通宽带。

安东：电话局离这儿远吗？

房东：不太远，就在咱们这座楼的东面。

安东：那太麻烦您了。

房东：不麻烦，回头见。

安东：回头见。

课文2　交电话费

我刚来到中国的时候，连电话费都不会交，也不记得去交。直到有一天电话铃响了，我接了电话，只听到一段录音在说，我必须马上交电话费。我想，那好，我现在就马上去交吧！我走在半路上突然停了下来。多奇怪啊！我还没收到账单呢。我想，既然都来电话提醒我们该付账了，那我准是已经收到账单了。但是，我是什么时候收到的账单呢？我把账单究竟放在哪儿了？

我找遍了所有的地方，可还是没找着。我开始想，是不是房东把账单给我了，可我并没有注意到呀。也许那个账单寄到了他住的地方，他可能到这儿来顺门缝给我塞了进来。但是，无论我费了多大劲找，也还是找不到。最后，我给一个朋友打了一个电话，她说："噢，这事儿，其实很简单嘛。你只要去银行办理就行了。"我说："可我手里没有账单啊！"她说："你根本就用不着账单。"我说："什么？没有账单的话，我怎么付账呢？"她说："你的账单在他们的电脑里。你只要告诉他们你的电话号码和姓名就可以了。"

我去了银行，把电话费交了。我费了这么大工夫，到头来却这么简单。我从来没听说过没有账单也能去结账的事。跑到银行，报上自家的电话号码然后完成交费，这在大部分的西方国家是不可能的事情。在我们国家，他们会把账单邮寄给你，你写一张支票，签上自己的姓名，寄给电力公司就可以了。或者上网到网上银行点击一下"付款"，所有的账单都可以自动支付。哎呀，住在四合院里竟然有这么多事情不知道。

虽说我来到这儿已经有三年了，可我仍然觉得自己对这里的了解是肤浅的。搬到四合院来住就是"加深了解"的那一步。我愿意不断加深自己对中国的了解，因为我现在就生活在中国。住在四合院里，你既可以了解中国，又可以享受生活。当有人问起我，我怎么会放着舒适的公寓不住，而却偏偏喜欢住在胡同里，我会笑着只说一个词——"喜欢"。

综合练习

四、听录音，根据对话内容选择正确答案。

1. 男：昨天那个房子怎么样？
   女：大小和租金都还可以，但环境不怎么样，没法接受。

2. 女：这房子冬天太冷了，离孩子的学校也比较远，下个月的租金应该降一点儿。

男：租金是当初商量好的，现在怎么能说降就降呢？

3. 男：这也不好，那也不好，到底怎么才好？

   女：有自己的房子就好了。

4. 男：阿姨，您的房子是裸租吗？

   女：裸租？开玩笑，有全套家具和电器呢。

5. 男：对不起，我最近要用这套房子，请您再到别的地方另找一套房子吧。

   女：按照合同的要求，你应该提前三个月通知我，否则就要付违约金。

6. 男：劳驾，请您告诉我去火车站怎么走？

   女：沿这条路一直向前走，在第二个十字路口向左转，就到了。

7. 女：你是东东的舅舅的儿子吗？东东是我在新加坡的学生。

   男：是啊，我是。我该怎么称呼你？

   女：应该叫阿姨就可以了，我也不是很清楚，中国和新加坡不太一样。

   男：哦，好的，您们什么时候回新加坡？

   女：大概27号吧，明天我们要去千岛湖玩儿。

   男：真的吗？那个地方离我家很近。

   女：那么下次有机会去你家里玩儿，你有空也来新加坡玩儿吧。

   男：好的。谢谢。

五、听录音中的一段话，做下面的练习。

今天是学生开学注册的日子，小兰一大早就来到学校报了到。听同学说，学校的商店为了吸引更多的学生来买东西，很多商品都打了折。她是新生，需要购买很多日用品，于是，办理完报到手续后，她就拿着钱包来到了商店。

小兰最需要的东西是洗漱用品，于是她买了一盒中华牌牙膏（4.9元）、五支牙刷（单价2.73元）和一打毛巾（每打20元），当然，还有两个洗脸盆（红色的4.4元，蓝色的5.7元）。然后她买了一些学习用品，包括一个笔盒（8.6元）、三本笔记本（每本2.55元）以及20支铅笔（每支0.5元）。另外，她还买了一些零食，有她最喜欢的巧克力饼（每包9.99元），她买了三包。还有4瓶矿泉水（每瓶1.6元）。最后，她买了一支1元钱的冰激凌，就高高兴兴地回宿舍了。

六、听录音，然后完成下面的练习。

金喜美要来中国留学了。来中国之前，她就托她的中国朋友给她租了一套一室一厅的房子，所以，一下飞机，她就直接来到她未来的"家"。她的"家"50平方米左右，有客厅、卧室、厨房、卫生间和阳台各一个。房子的大门是朝南开的，一进去就是一个约20平方米的客厅，客厅的西边是一个卧室，大约为10平方米，卧室带一个阳台，站在阳台上往外看，视线非常好。客厅的北边有两扇门，一扇通向卧室隔壁的卫生间，另一扇通向厨房。厨房不大，大约8个平方米，里面有房东提供的煤气灶和抽油烟机，再买上锅碗瓢盆，就可以做饭了。

金喜美对这套房子很满意。房子的周围有超市、批发市场和一个大商场，买东西非常方便，这样，金喜美就可以自己做饭，能省下不少在饭馆吃饭的钱。房子所处的地理位置也非常好，骑自行车15分钟就能到学校，走路20分钟就能到地铁站，不管是学习还是外出游玩都很方便。当然，最让她满意的是房租，你猜多少？一个月只有2000元，金喜美的朋友租了类似的房子，价钱要比她的高500呢！

第二单元　假 日 经 济

课文1　我想了解中国的传统节日

马克：建华，我来到中国快两年了，在这里过了"五一"劳动节，"十一"国庆节，还有春节。我知道中国还有一些传统节日，我都叫不出名字，你能给我介绍一下吗？

建华：中国传统的节日很多，先说最近的一个吧。你知道"中秋节"吗？

马克：中秋节？我好像有印象，是一个跟月亮有关的节日吧？

建华：对，农历的八月十五日是中秋节。据说，这天夜里月球离地球最近，月亮又大又圆，所以从古至今都有在这一天赏月吃月饼的习俗。月亮、月饼都是圆的，是"团圆"的意思，因此中秋节是一个团圆的节日。不管离家多远，大家都要回家和父母一起过节。

马克：对了，我去年吃过月饼，很好吃！那中秋节过后是什么节？

建华：中秋节过后有一个专门给老年人过的节日——重阳节。每年的农历九月初九是重阳节，老人们在这一天观赏菊花，或者爬山登高锻炼，给晚年增添了很多乐趣。重阳节是中国的"老人节"。

马克：为什么叫"重阳节"呢？这个名字好奇怪的。

建华：你不知道，阳在中国古代代表单数，单数最大的数是哪一个？

马克：最大的单数是九。噢，我明白了。九月初九，有两个九，也就是两个"阳"，所以叫"重阳"。

建华：是的。单数最大的是九，九与"长久"的"久"读音相同，所以"九"是一个非常吉利的数字，表示"长命百岁"的意思。在这样的一天祝福老人们健康长寿是再好不过的了。

马克：春节过后还有哪些传统节日？

建华：清明节。

马克：清明节？是吃粽子的那个节日吗？

建华：不是的。清明节是中国扫墓的日子，中国人大多有在清明节扫墓悼念去世的亲人的习俗。

马克：过清明节还有什么讲究吗？

建华：清明节一般是在每年的4月5日，这正是一年春光明媚、草木吐绿的时节，所以一般我们会外出春游踏青，或者放风筝。直到今天这种习俗仍很盛行。

马克：清明过后有什么节呢？

建华：清明过后大约两个月，也就是农历五月初五，阳历在6月15日左右，是我国传统的端午节。

马克：端午节……是不是这个节日才吃粽子？

建华：是的，家家户户都要吃粽子，南方各地还会举行龙舟大赛。还有，人们在这一天要打扫庭院，喝点儿酒，达到杀菌防病的目的。可以说端午节是中国自古相传的"卫生节"。

马克："卫生节"，这可真有意思。过了端午，还有什么节可以过呀？

建华：端午节后，农历七月初七叫七夕节，七夕节是我们中国的情人节。这一天是女孩子最重视的日子。传说这天的夜里，牛郎织女在天河相会，所以女孩子就在晚上用瓜果拜天，向女神请求自己得到幸福。

马克：中国的情人节，有意思。听你说了半天，我发现了一个共同点，中国传统的节日大都是用农历来计算的。

建华：是的。农历是中国传统的历法。中国传统的节日也就当然是用农历来计算了。

马克：建华，谢谢你。我可算对中国的传统节日了解了一些。

三、听录音，在下题横线处填上听到词语，完成下面这首古诗。

清明

唐　杜牧

清明时节雨纷纷，

路上行人欲断魂。

借问酒家何处有？

牧童遥指杏花村。

课文 2　不一样的拜年方式

上世纪六七十年代，对普通老百姓而言，写信、发电报是最常用的远距离拜年方式。当时，电话拜年对一般老百姓来说，还是可望而不可即的事情。到了80年代，每年除夕、大年初一，公用电话亭前打拜年电话的长龙，成了各大城市的春节风景线。90年代初，到处都是此起彼伏的BP机的声音，用BP机发短信拜年成为当时最时髦的拜年方式。

进入21世纪，随着手机在中国老百姓中的普及，千里拜年不再是一种奢望。据中国信息产业部公布的数字，截至2005年底，中国已有手机用户3.93亿，0.1元人民币一条短信让中国老百姓"拜"得很疯狂。2005年春节，中国老百姓发送祝福短信超过100亿条。2009年全国春节期间的短信发送量累积达到180亿条，此后逐年增长，2013年春节期间短信发送累计达到311.7亿条。

2014年春节放假期间，全国移动短信发送量首次出现大幅下滑，仅为182.1亿条。与去年同期相比下降了41.57%。除夕当日发送量为110.4亿条，同比下降了8.0%。那么，短信的地位被谁取代了呢？

不少网友在微博上表示，今年没发拜年的短信，都是在网络上拜年。腾讯公司的官方信息显示，除夕夜，微信用户发送量是去年的2倍。微信发送高峰时段，平均一分钟就有1000万条信息发出。微信拜年信息收发最活跃的地区中，北京排名第一，其次是广东、浙江、辽宁、江苏。此外，当晚，腾讯QQ发送量最高达到每秒5万条。据统计，2014年除夕，移动互联网接入流量消费比平日增长25%，从除夕到初七的8天内，全国手机用户消费了3674.6万G的移动互联网流量，用户平均使用46.6M，比平日流量高出25.3%。

由此可见，微信、微博等新型移动互联网业务已成为流行的拜年方式。与此同时，随着互联网在中国的普及，利用网络进行视频拜年，也是许多年轻人的选择，千里拜年真正告别了只闻其声不见其人的时代。

综合练习

二、关于数字的练习。

  3. 听录音，在横线上填入听到的数字。

   （1）三千元　　　　　　　五亿元

    三千五百八十七元　　　五百七十一万九千三百七十六元

    七万六千零八十八元　　　一千三百五十四万零三十元

　　　　九千零五元三角一分　　　五千零八元零八分

　　　　八十七万六千九百元五角　三亿五千九百六十三万七千八百九十二元

（2）根据中国信息产业部公布的数字，截至2005年底，中国已有手机用户<u>3.93亿</u>，0.1元人民币一条短信让中国老百姓"拜"得很疯狂。2005年春节，中国老百姓发送祝福短信超过<u>100亿条</u>。2009年全国春节期间的短信发送量达到<u>180亿条</u>，此后逐年增长，2013年春节期间发送短信的累计量达到了<u>311.7亿条</u>。2014年春节放假期间，全国移动短信发送量累计达<u>182.1亿条</u>，首次出现大幅下滑。据计算与去年同期相比下降<u>41.57%</u>。除夕当日发送量达到了<u>110.4亿条</u>，同比下降了<u>8.0%</u>。

四、听录音，判断下面的说法是否正确。

1. 男：李红，你这次去北京，到长城了吗？

   女：长城举世闻名，当然应该去。但是我开了3天会，没时间，连饭店附近的天坛都没去。

2. 男：李红，听说最近你要去海南休假，我跟你一起去怎么样？

   女：想得美，我跟公司的同事一起去。

3. 女：李刚，最近忙什么呢，好长时间没看到你的人影了？

   男：我和太太去青岛休假了。

4. 男：李红，上个周末去草原骑马，玩儿得不错吧？

   女：本来草原是特别有意思的地方，可上个周末人太多了。

5. 女：你也该申请休假了，这样成年累月地拼命工作，会累坏的。

   男：唉，我也没办法呀，现在竞争太激烈了，我害怕失败呀。

6. 男：李红，"五一"去上海，感觉怎么样。

   女：好是好，就是酒店的价格涨得太厉害了。

7. 女：李刚，听你太太说，你九月份要休假。

   男：休什么假啊，公司里的业务做不完。

8. 男：咱们去北京，参加哪个旅游团啊？

女：现在自驾游很火，我们也试试吧。

9. 女：老公，你看，我去东北旅游，买了一根人参，只花了200块钱。

   男：真是挺便宜的。但你觉得旅游区是买东西的地方吗？

10. 男：李红，终于下班了，回家吧！

    女：现在是高峰时间，不如再坐坐吧。

五、听录音，根据对话内容选择正确答案。

1. 男：听说你们班王刚托福考了高分，很快就要出国了？

   女：对呀，别看他长得不起眼，学习起来可不含糊。

   问：女的认为王刚怎么样？

2. 男：小文，我今天太忙了，实在没有时间去买盒饭，你帮帮忙怎么样？

   女：好呀，下次我请你帮忙，你也不要推托哦。

   问：女的是什么意思？

3. 女：你怎么了？像个落汤鸡似的。

   男：咳。别提了，前两天天气预报说要下雨，我带着雨伞却没下雨；今天又说下雨，我就不相信了。结果还真下了。

   问：从对话中我们可以知道什么？

4. 女：今天我可不做饭了。

   男：求你了，我今天累得要死，再说，我最喜欢吃老婆做的了。

   问：男的想说什么？

5. 男：我最看不惯小李了，每天对着镜子抹这个粉，擦那个霜的。

   女：这有什么，女孩子爱美是正常的。

   问：从对话中我们可以知道什么？

6. 女：听说下个星期咱们要去苏州春游。

   男：去苏州？那再好不过了。

   问：男的希望去苏州玩儿吗？

7. 女：今天吃什么？饺子还是面条儿？

男：为什么天天不是饺子就是面条儿，我一听就烦，还有饭吗？

问：男的今天想吃什么？

8. 女：明天我要考试，今天早点睡吧！

男：可是我今天下午已经睡得太多了。

问：男的意思是什么？

9. 女：我最怕我儿子来信了。他一来信，我就得查词典。

男：你知足吧，我儿子一来信，我就得上银行。

问：男的意思是什么？

10. 男：我们家所有的大事都由我决定，所有的小事都由我妻子决定。

女：对。但是哪些事儿是大事，哪些事儿是小事都是由你妻子决定的，对吧？

问：从上面的话中我们知道什么？

六、听录音，根据课文内容判断正误。

中国的"黄金周"休假制度开始于1999年，当初政府的用意是扩大就业和拉动"内需"，刺激经济的发展。这个极具中国特色的公众集中休假期被安排在每年的春节和10月1日。"黄金周"让刚刚富裕起来的中国人拥有了集中休闲的时间，于是，掀起了一股"假日经济"的热潮。

据统计，中国超过10%的旅游者是集中在这两周里出游的。从未享受过长假的中国人几乎在这一时期都释放出惊人的能量和前所未有的热情。

据统计，2004年黄金周旅游收入分别占当年全国旅游总收入和国内旅游收入的15.75%和22.86%。2006年"十一"黄金周，仅首都北京就迎来了406万国内游客，7天里，北京85个企业近千家店铺销售收入达10.3亿元，全市社会消费品零售额接近70亿元。黄金周制度的实施，极大刺激了消费需求的增长，增长了第三产业的发展，成为促进国民经济发展的新"亮点"，假日经济的"新引擎"。

为什么黄金周的旅游那么火？人们收入水平增加是一个重要的原因。随着中国人均GDP突破1000美元大关后,旅游消费需求已进入了快速发展阶段。另外,现在还不能充分实现"带薪休假",人们只能在公共假日外出旅游。周末双休日短暂,不太可能进行长途旅行,只能在放长假时去距离较远的地方旅游。在这些因素的制约下,人们巨大的旅游需求,需要借助黄金周来释放;人们追求精神享受的需求,需要借助黄金周得以实现。黄金周已经成为人们的一种"新民俗"。

七、听录音,根据内容回答问题。

男:现在商店里好热闹,一派过节的气氛。春节到底是几月几号?

女:春节是中国农历的一月一日,也说正月初一。阳历没有固定的日子,通常在一月下旬或二月上旬。

男:你们一般是怎么过春节的?

女:春节是中国人的团圆节,一家人常聚在一起吃饺子、看电视、聊天儿,怎么高兴怎么过。在农村那可就热闹了,什么贴对联儿啦、挂年画啦、炒年货啦、做年饭啦,忙得热火朝天。那时村村寨寨还举行舞狮子、踩高跷、跑旱船、放鞭炮等活动,让你目不暇接。

男:北京人以前也兴放鞭炮吗?

女:是啊。不过,现在为了安全和保护环境,北京等一些城市禁止放鞭炮,要听鞭炮声,你得去边远的农村。

男:我就是这样打算的,我的中国朋友邀请我春节跟他回家看看,他家就在农村。

第三单元 旅游经济

课文1 明天看红叶去

(周末,校园里,马克见到了中国同学建华)

马克:你好!建华,明天是周末,有什么安排吗?

建华:还没有。

马克：去郊游怎么样？

建华：行啊，你来北京已经一个月了，还没带你玩儿玩儿呢。

马克：故宫、颐和园、长城我都去过了，找点儿有特色的地方吧。

建华：那咱们去香山观赏红叶怎么样？

马克：我在上海上学时就听同学介绍过，香山的红叶自古有名。

建华：是的，西山红叶可是旧北京八景之一呢。每年秋高气爽的时候成千上万的人去香山赏红叶。现在霜降刚过去一个礼拜，正好是赏红叶的时候。

马克："霜降"是什么意思？

建华：霜降是中国农历二十四节气中的一个。一般在阳历的10月下旬，表示从这一天起，天气慢慢变冷、开始降霜的意思。

马克：一个节气跟郊游有什么关系呢？

建华：关系大了！树叶变红需要的条件之一就是天气要冷，降一两场霜后，红叶才能达到最红的程度。除此以外，还要看看近期的天气预报。

马克：这又是为什么呢？

建华：最好是这几天没有刮过风，如果有大风的话，红叶就会被吹落，那还看什么呀。

马克：没想到看个红叶，学问还挺大。

建华：那可不是，还有学问呢！

马克：还有什么？

建华：明天要早点儿走，早晨七八点钟的时候，太阳刚升起来不久，带着露水的红叶映着柔和的阳光，一定特别漂亮！这时候拍出的照片儿也是特别美的。

马克：那看来，观赏红叶不仅要注意季节，还要注意时间。

建华：是的，清晨和傍晚，也就是太阳斜射的时候，红叶是最漂亮的。

马克：那我们明天能不能去呀？

建华：没问题，霜降过了两周了，这几天又没刮大风，我估计明天的红叶应该不错。

马克：明天什么时候出发？

建华：早晨6点怎么样？40分钟左右我们就可以到了，爬到山顶正是赏红叶的最佳时机。

马克：可以。那我们在哪儿见面？

建华：在学校的西门吧，那儿坐车方便。

马克：明天早上见。

建华：明早儿见。

课文2　旅游带来了什么？

春节过后，一位家在新疆阿勒泰的朋友说起了家乡人发财致富的故事。阿勒泰风景优美，它的特产非常有名，那就是石头。"奇石"形状各异，深得游人喜爱。一位老人一边放羊一边捡石头，2011年，光是卖石头就赚了20万元。和这位老人一样致富的牧民还有很多，大家通过对石头的设计、加工、销售，创造了阿勒泰地区的"奇石经济"。

元月十五日是冬捕节，这一天，渔民们会凿开湖面，撒开大网，捕捞水下的鱼。鱼捞得越多，预示着今年全年的捕鱼都会有大丰收。这一天，天南海北的游客把冬捕的湖面围得密密实实，一位在湖边烤鱼的小贩一小时就有1000元的收入。做冷水鱼批发的刘先生当天卖掉了3吨鱼，每公斤50元至80元，销售额近20万元！对于自己一年的卖鱼收入，刘先生笑而不言，只说光一个春节他就储备了二三百吨鱼。如此一算，刘先生一年的收入实在可观。

张先生是阿勒泰的一位个体司机。开一辆奇瑞牌轿车，每天在阿勒泰市和北屯之间跑七八趟，一趟拉4位游客，挣60元，一天有四五百元进账，去掉成本，"月薪"至少有万元，让我们这些城市白领也要眼红。

手里有票子，日子自然就幸福。这几位阿勒泰人的幸福就是阿勒泰地区近几年来旅游业的快速发展带来的。从风景奇美的喀纳斯，到童话般的小城布尔津，从冬捕节到"奇石经济"，以及整个阿勒泰的冰雪旅游，阿勒泰旅游越来越热。当年只是喀纳斯一花独放，如今却是"满园春色"。游客来了，市场也就来了，普通老百姓就有了发财的机会。

据不完全统计，阿勒泰旅游业的发展带动了"行、食、住、游、购、娱"六大相关产业的发展，为社会提供了大量就业岗位，全区旅游直接从业人员达8000余人，间接从业达2.4万余人。今年"十一"黄金周期间，阿勒泰市实现旅游综合收入865万元，接待游客5.18万人次，同比增长3%和4%。其中桦林公园、克兰大峡谷、塘巴湖等A级景区接待游客2.32万余人次，农家乐接待游客2000余人。

综合练习

四、听录音，根据对话内容选择正确的答案。

1. 女：你喜欢冬天还是夏天？
   男：让我说，春天最好了。
   问：男的意思是？

2. 女：你去过黄山吗？
   男：那是十年前的事了。
   问：男的去过黄山吗？

3. 女：你先说还是我先说？
   男：我说还是你先说吧！
   问：男的意思是？

4. 女：看过这本书的人，没有一个人说不好的。
   男：那可不见得。
   问：男的是什么意思？

5. 女：我们去加拿大结婚旅行吧？

男：还是去云南吧，昆明、丽江、大理，够你玩儿一阵子的。

问：男的没有提到的是？

6. 女：老李说周末请大家吃饭，你帮我通知一下其他人。

男：还能有这样的好事？

问：男的意思是什么？

7. 男：李明，劳驾把这双鞋替我带给小华，行吗？

女：我的行李已经超重了，寄去不是更好吗？

问：女的是什么意思？

8. 男：你真的租到房子了吗？

女：我什么时候骗过你？

问：女的是什么意思？

9. 男：关于付款方式，合同里是怎么规定的？

女：货到付款，刷卡、现金都行，确认到账后开发票。

问：合同是怎么规定的？

10. 女：老李，每天都是你买菜吗？

男：我不买谁买呀？

问：男的是什么意思？

五、听录音，把听到的数字填在横线上。

数据显示，2013年，我市旅游业保持稳定发展，旅游接待量和旅游总收入同比均实现增长。接待旅游总人数 2.52 亿人次，比上年同期增长 9.0%；实现旅游总收入 3963.1 亿元，同比增长 9.3%。旅游购物和餐饮消费 2032.2 亿元，同比增长 8.0%，占全市社会消费品零售额的 24.3%。旅游相关产业累计完成投资 607.9 亿元，同比下降 10.7%，占全社会固定资产投资额的 8.6%。

国内旅游市场稳步增长。2013年，接待国内游客 2.47 亿人次，同比增长 9.3%；实现国内旅游总收入 3666.3 亿元，增长 11.1%。其中，外地来京游客 1.48 亿人次，同比增长 8.3%；旅游总消费 3332.3 亿元，增长 10.4%。北京居民在京游

9983.3万人次，同比增长 10.8%；旅游总消费 334.0 亿元，增长 18.6%。

入境旅游市场同比下降。2013年，接待入境游客 450.1 万人次，同比下降 10.1%。其中，接待港澳台游客 62.5 万人次，下降 5.9%；接待外国游客 387.6 万人次，下降 10.8%。实现旅游外汇收入 47.9 亿美元，同比下降 6.9%。

六、听录音，完成下面的练习。

"太阳"旅游团的朋友们，欢迎你们来到西安。西安是中国著名的城市，古称长安，是当年意大利探险家马可·波罗在他的游记中提到的古代丝绸之路的起点。西安是中国著名的七大古都之一，建城已有3100多年，先后有13个王朝都把城建在这里。西安境内到处都是闻名世界的古迹和文物，最有名的是秦始皇陵、明代城墙、大雁塔和华清池。大家来到西安旅游，一定会觉得不虚此行。

明天是9月20日，是我们在西安的第一天旅游，早上7点在饭店一楼的中餐厅用早餐，8点准时在饭店的门口上车，8点30分到达华清池。在华清池的游览时间是一个半小时。大约在十点半，我们会到达著名的秦始皇陵，观赏著名的兵马俑。我们在秦始皇陵的停留时间是3个小时。午饭请大家自理。下午两点半，我们会到达大雁塔，停留时间是两个半小时。晚上6点我们将去西安著名的特色小吃一条街，品尝羊肉泡馍和太后饼。晚餐后，大家可以自行活动。

后天将要去明代城墙和西安半坡遗址，第三天将去华山。希望我们这次的西安四日游能够洗去您平时工作的疲劳，祝大家玩儿得开心。

第四单元　电子商务

课文1　你在网上购物吗？

老王：老张，有空吗？我想换一个手机，陪我去商场买个新手机吧？

老张：你太落伍了吧！上什么商场呀？现在都网上购物了。

老王：你经常在网上购物吗？你太前卫了！真没想到啊！可是网上买手机靠谱儿吗？

老张：不但靠谱儿，还很方便，而且价格比商场便宜多了！

老王：你买过吗？

老张：当然！我经常在网上买东西。

老王：那我也想试试。

老张：你得先在网上银行开一个账户。然后，你就可以上网买东西了。

老王：可是我觉得网上银行不太安全。另外，我也不常用电脑，觉得挺麻烦的。

老张：挺安全的。你先去银行开设一个网上银行的账户，设置网上银行密码，记住，这个密码最好要复杂一点，这样上网才安全。回家后，你就可以在家里上网买东西了。对了，在使用网银前，最好先下载银行的安全软件，这样会保护你的资金不会被黑客偷走。

老王：什么黑客白客？这么复杂？

老张：一点儿都不复杂。一旦开始网上购物，你就会发现这是多么方便了！今天下午我要去银行取钱，正好你也去开设一个网银账号吧。

老王：好吧，有你在旁边儿，我就放心了。网上的商品多吗？

老张：当然了。你看这个网站，这是一家手机专卖店，有专门为老年人设计的手机。看看你喜欢什么样的款式？

老王：款式不重要，主要是价格不能太贵。另外，功能不要太多，有通话、能上网、能拍照就行。还有，屏幕要大一些，清楚一些。

老张：选择这些你想要的功能和价格，然后点击"搜索"，你看，这么多手机，够你挑的。

老王：没想到这么方便。但是我怎么能相信他不会骗我呢？

老张：一来，你可以通过一个聊天软件与卖家沟通，就像商场里的购物一样。二来，几乎所有的购物网站上都有买卖双方评价系统，你可以看看别的顾客是怎么评价这个商品的。还有，你可以看这些商家有多少个信用标志，你看，这些钻石图案都是信用标志，钻石越多，表示这家网店越可靠。

老王：这听起来很安全。那么……我如果买了东西如何支付呢？

老张：通过网上银行支付呀。比如你看中了这款手机，先点击"购买"，然后选择你的网上银行，输入密码，再输入你的地址和联系电话，最后点击"确认"就行了。

老王：如果手机有问题呢？

老张：你可以申请换货或退货。但是不用去商场退货，节省了不少时间。你看，每个商家都有联系方式，你给他们打电话或者发电子邮件，或者用聊天工具在网上沟通，他们就会给你办好的。不过换货和退货的邮费是要自己支付的。

老王：那我就放心了。今天下午我就跟你去办网上银行的手续，晚上上网好好地挑选挑选，明天我就买新手机。那我的旧手机怎么办呢？

老张：同样可以在网上卖掉。很多网站都可以发布买卖信息。如果你想换一个新的手机，可以到网上先把你的旧手机卖掉。

老王：真的吗？怎么卖呢？

老张：先给你的旧手机拍上几张照片，把照片上传到网上，再附上物品的简要说明和你的联系方式，这样自然会有人与你联系的。

老王：这真是太棒了。我一定要试一试。

课文2　贝索斯与亚马逊

美国人贝索斯是世界知名的亚马逊网上书店的创办人。1965年，贝索斯生于美国新墨西哥州的一个五口之家，他在家中是长子，一家人生活和睦，其乐融融。

1986年，贝索斯从美国名校普林斯顿大学毕业后，进入纽约一家新成立的高科技公司。两年后，他跳槽到一家纽约银行，用了两年的时间，他成为了这家银行有史以来最年轻的副总裁。1990年，他又跳槽到了华尔街的一家证券公司，并在1992年成为该公司最年轻的副总裁。

出人意料的是，尽管事业发展得非常顺利，贝索斯还是辞职了，因为他看中了一个更新、更有潜力的行业，那就是互联网！贝索斯希望自己像微软一样，在IT行业取得成功。他说："将来当我80岁回忆往事的时候，我不会因为今天离开华尔街而后悔；但我会因为没有抓住因特网迅猛发展的大好机会而后悔。"

1994年，贝索斯用父母借给他的30万养老金作为启动资金，在西雅图郊区他租来的房子的车库中，创建了全美第一家网络零售公司——亚马逊公司，贝索斯用全世界最大的一条河流来命名自己的公司，是希望它能成为出版界中名副其实的"亚马逊"。

与传统书店相比，亚马逊的优势首先在于它是最便宜的书店之一，天天都在打折，有时一天就提供30多万种优惠图书。其次，它销售的书籍种类很多，有超过250万册的书目提供给读者，顾客想找什么书几乎都能找到，所以人们只要买书，往往首先就会想到亚马逊。再次，亚马逊还提供比传统书店更方便快捷的服务。在亚马逊网上购书，因为有强大的技术支持，一般三秒钟之内就可以得到回应，大大节省了顾客的时间。送货的速度也很快，在美国本土，顾客订货后1到2天就可以拿到书。

亚马逊网上书店的生意越来越火，1998年3月，亚马逊开办了儿童书店；6月份，亚马逊音乐商店开张；10月，亚马逊打进欧洲大陆市场；11月，加售录像带与其他礼品；次年2月，投资药店网站；3月，投资宠物网站；4月，成立拍卖网站；5月，投资家庭用品网站；2000年1月，亚马逊与网络快运公司达成了一项价值6000万美元的合作协议，使协议地区的用户订购的商品在一小时之内能送上门。

至此，亚马逊完成了从网上书店向一个网上零售商的转变，当所有人都还不知道"电子商务"是什么东西，还在讨论"电子商务"的时候，贝索斯已经用自己的行动证实了什么是电子商务。"亚马逊"是网络上第一个电子商务品牌，并以惊人的成长速度创造了一个网络电子商务的神话。

综合练习

四、听录音，根据对话内容选择正确答案。

1. 女：你说网上购物安全吗？
   男：这么多年，我买东西还从没有发生过任何问题呢。

2. 女：你觉得我能在网上给我的狗找到一件毛衣吗？
   男：你可以找到任何东西！

3. 女：先生，这是你的订餐。
   男：在线支付可以吗？
   女：对不起，我们只接受货到付款。

4. 女：在网上购物后退货方便吗？
   男：方便得很，但前提是邮费自付。

5. 女：你辞职了？你不是一直干得挺好吗？
   男：我跟几个朋友一起开了个建筑公司，自己当老板。

6. 男：听说郭总安排你负责这个项目？
   女：是啊，我也是刚知道。可是我以前很少接触这方面的业务。

7. 女：听说你戒烟了？真让人佩服。我丈夫一直想戒，到现在都没戒掉。
   男：其实很简单，关键就看他有没有下决心。

8. 女：糟糕！这可怎么办啊？
   男：怎么了？
   女：我的报告都快写完了，电脑突然死机了。
   男：别着急，先开机看看，电脑应该有自动保存的功能。

9. 王小姐这几天很高兴，因为她上周六从卓越网上订购了一套自己最喜欢的歌手周杰伦的最新CD专辑《叶惠美》，仅仅花了3元，比市场上的卖价竟然低了27元钱，而且还是送到了家里。而在这个网上商城，最近一段时间里，无论消费者买几样东西，送货费只需1元钱。"网上商城真的是又便宜又方便，以后我再买类似的书、CD 等东西，肯定先去网上转转。"王小姐高兴地说。

10. 女：您是付现金、支票还是信用卡？

男：我想用信用卡。你们收 Discover 卡吗？

女：抱歉，我们不收。我们只收 Master 或 Visa 卡。

男：那我就用我的 Visa。

五、听下面的材料，完成以下网上购物的流程图。

如果你想在 SOHU 商城购买一把瑞士军刀，只需要进行以下非常简单的操作。首先在 SOHU 上注册一个用户并登录。然后进入商城搜索你想要购买商品的详细情况。找到你所中意的商品后，点击商品下方的"我要购买"，便生成了购买商品的订单。在订单上，你可以看到你所订购的商品价格，数量等信息。如果确定你要购买订单上的商品，那么你只要点击屏幕下方的"去收银台"，选择付款方式，并填写相关的信息，如地址、账号等，就可以在家里等着 SOHU 的工作人员把商品送上门了。

六、听录音，完成下面的练习。

马云看起来其貌不扬，但却是中国电子商务行业的重量级人物。早在十几年前，他就曾经预言："互联网将由'网民'和'网友'时代进入到'网商'时代。"他认为，在"网商"时代，网民不再简单地着迷于读资讯、谈天、游戏、交友等纯粹的网络消遣，而是开始真正地把互联网看作是生产力，真正从网络中创造财富。

马云拥有两个电子商务平台——阿里巴巴和淘宝网，这两个平台把中国的网民带入了一个真正的全民"网商"的时代。1999 年，他创办了阿里巴巴网站，为企业和企业之间提供了交易平台，现在，它已经成为全球最大的网上交易市场，有将近两千万的企业客户在这里进行交易，企业每天在这里发布供求信息有将近两亿条。阿里巴巴促成了许多企业之间的合作，很多企业在这里找到了满意的客户和供应商，其中包括不少世界知名的企业，如沃尔玛、家乐福、通用、克莱斯勒等都被吸引过来，通过阿里巴巴找到了更优质的货源。

2003年创建的淘宝网是国内领先的个人网上交易平台，任何人都可以在上面进行自由买卖。你可以在上面拍卖自己的个人用品，或者直接开一个"网店"向顾客进行零售。如今，淘宝网走进了许多中国人的生活，2010年，有大约3.7亿用户在淘宝上注册，交易额达4000亿元人民币，在国内市场份额中占70%。

马云并不满足于现有的成绩，他还有很多新举措，例如，开发余额宝等金融产品，进军网络金融市场。有人预言，他将是代替李嘉诚成为亚洲首富的人，不久之后，或许这一天真的就会到来。

第五单元 消费经济

课文1 你的钱主要花在哪些方面？

（记者就消费问题采访小丽和兰兰）

记者：小丽你好！请问你在哪儿工作？

小丽：在一家外企。

记者：外企的工资一般都很高。我想冒昧地问一句：每月挣不少钱吧？

小丽：唔……马马虎虎吧，每个月也就两万多。

记者：也就两万多？很多啦！那每月能存不少吧？

小丽：存钱？天哪，不借钱就不错了！

记者：那就奇怪了，你这么高的收入，钱都花在哪儿了？

小丽：太多地方要花钱了！房租、打的、手机费、上网费、化妆品、吃饭、健身、看电影、泡酒吧、卡拉OK……另外，每个月买衣服都得七八千吧……反正每个月尾都是两手空空的。

记者：干吗花那么多钱买衣服？

小丽：首先，我喜欢高档服装，高档衣服穿起来不仅舒服，而且显得漂亮，"三分长相，七分打扮"嘛。其次，我喜欢高档的购物环境，在那样的地方买衣服，花再多的钱你都不会心疼，只会感觉到快乐。再说，我的工作环境也决定了我必须穿高档衣服，所有的同事和朋友都穿得那么有档次，你一个人穿那种地摊货，那不太掉价了么？

记者：你父母会不会觉得你大手大脚？

小丽：对啊！他们就是觉得我不太会过日子，不懂得节俭。不过，我的消费观念和他们不一样！

记者：遇到急事该用钱怎么办？

小丽：可以贷款嘛，我比较赞同"花明天的钱享受今天"的消费观念。但是我反对找父母要钱，我觉得一个人应该自食其力。如果要买房或者买车，我就去贷款。

记者：兰兰，我想冒昧地问你一个问题，你的收入怎么样？

兰兰：收入一般，"比上不足，比下有余"吧。我丈夫和我一样，也是公务员，收入虽然不高，但是比较稳定。

记者：你们的钱主要花在哪些方面呢？

兰兰：我们家的钱主要花在孩子身上。倒不是学校的学费很贵，主要是社会上各种各样的培训班要花很多钱。我的孩子上了英语班和钢琴班，光这两项，每个月都要花掉我们工资的1/3呢！

记者：那另外的2/3呢？

兰兰：日常生活的开支是一笔钱，其余的一般都存起来。因为孩子马上就要上中学了，将来肯定需要一大笔的教育费用。再加上还有我和爱人两家的父母需要我们赡养，自己将来也需要一些钱来养老。我们这个年龄的人负担是最重的，"上有老，下有小"，所以必须要存一些钱的。

记者：最近有没有什么消费计划？

兰兰：最近在亚运村看中了一套房子。以前买的房子太小了，不够住，现在想换个大点儿的。另外，那儿离单位也挺近。我们的存款够付首期，其余的就只好贷款了。

记者：祝你们早日搬到你的新家去。

兰兰：谢谢！

课文 2　高校经济圈

什么是高校经济圈？简而言之，就是依靠大学校园中大量学生带来的消费效应而形成的一种区域性消费经济。

一位高校管理人员告诉记者，曾经有问卷调查显示，这附近的 3 所大学的学生每个月的平均消费是 1000 元左右，而这 3 所学校的学生有 5 万人左右，如此算来，这个高校经济圈每个月就要消化掉 5000 万元。

大部分在大学校园商圈里做生意的商家给自己的商业定位是：客流量大，薄利多销，低档消费为主，偶尔有中档的商品。他们的商业定位，基本是由学生的消费档次决定的。一个店主对记者说："你算算，客流量有多少？薄利多销，一样赚钱。有钱的学生是有，但毕竟是少数，大多还是低档消费。"

记者来到校内的一个约 3 平方米的化妆品店，看到这儿只有少数人们熟知的高档化妆品，而多数都是些价格不高的不知名的化妆品。来来往往的学生络绎不绝，不一会儿就卖出了好些货物。记者又来到校园旁边一条大街上，整条街的各类特色小吃店令人眼花缭乱。在一家面馆，4 名男学生各点了 16 元钱一碗的牛肉面。老板分析，只要出校门来吃饭，就是想吃点儿好的，所以，这 10 元钱一碗的打卤面基本不卖。这位老板注意到，男生在吃上是舍得花钱的；而女生，更舍得把钱花在穿上。

在另外一条大街上，路两旁有几家两层或三层的独立小楼，从精致的店面装修就能判断出，这几家餐馆的消费档次不会太低。在一家餐馆里，服务人员告诉记者，虽然这里离大学近，但也靠近居民区，所以，他们的定位是二者兼顾，为了能够拉住这些大学生顾客，餐馆为他们特别制定了一些优惠套餐。

记者发现，大学校园周边的商店种类很多，餐馆是最多的，其次是便利店和美发店，电子和通信类的商店也不少，还有几家房产中介，据说是为了满足有些学生在校外租房的需求。

校园经济圈的辐射能力极强，甚至连距离较远的商家，稍微沾上边，就能借到光。例如，离这儿不远处有一个楼盘，虽然每平方米的价格接近17000元，可眼下已经销售一空。大学城周围的小区，二手房的价格也持续居高不下。更远处有一条商业街，虽然离大学稍远了一些，但还是沾了光。这条商业街的店铺以吃和住为主，生意不错，最火的是开学时。一家旅店的店主称，每年开学时，基本没有空房间。

一位高校管理人士在谈到校园经济圈时说，校园经济圈可以提升城市的消费能力，创造更多的就业岗位，但目前还普遍缺乏规划，没有特色。他认为，政府应加强管理和引导，让大学商圈成为一种具有文化品位的经济现象。

综合练习

四、听录音，请根据录音内容选择正确答案。

1. 男：小姐，请问这本英汉词典多少钱？

   女：57。

   问：这个对话可能在什么地方发生？

2. 女：太热了，咱们买台空调吧，否则会热死的。

   男：当然要买。我已经选好了一台，原价3000，现在打8折，你看怎么样？

   问：男的选好的那台空调现价多少钱？

3. 女：昨天逛街看到一套很好的名牌西装，打折之后才1240元，想不想买？

   男：嘿，我现在连吃饭的钱都没有。

   问：男的为什么不去买那套西装？

4. 女：老板，这条牛仔裤是150元吗？

男：对，原价是250元，现在我只按成本价卖给你。

问：卖这条牛仔裤的老板可以赚多少钱。

5. 女：哎，我们下午没课，去看电影吧？

   男：大冷天的，不如在家玩电脑。

   问：他们下午可能在哪儿？

6. 女：李刚，今年你们厂的玩具出口情况怎么样？

   男：依然位居世界首位。

   问：今年李刚他们厂的玩具出口总量位居世界第几位？

7. 女：你看这条怎么样，漂亮吗？

   男：颜色很漂亮，就是太大了。

   问：他们可能在买什么？

8. 女：瞧我的羊毛衫，新买的，你猜多少钱？原价600元，打折后才150！

   男：150？我看顶多值50。

   问：男的话是什么意思？

9. 女：下次买衣服还来我这儿吧。

   男：那还用说！

   问：下面哪句话最有可能是正确的？

10. 女：小刘，这个可是你没吃过的，两块钱一个，你要几个？

    男：只要一个，我老婆批评我吃得太多了。

    问：他们的对话与什么有关系？

五、听录音，判断下面的句子是否符合原文的意思。

相关数据显示：美国波士顿大学经济收入已占到城市经济的40%；德国海德堡学院经济收入已占到城市经济的65%。在中国国内，北京海淀区依托北大、清华等大批高等院校发展的学院经济圈，已成为都市经济发展的核心利润增长点。而在上海、武汉、西安等大中专院校非常集中的城市，高校经济圈对地方经济发展的作用已不容小看。

权威调查显示，从全国范围来看，目前高校学生年人均消费9000元左右，人均月消费800元左右，30%用于外出就餐、购物、娱乐等方面的支出，由此带动的高校周边物业租金一直呈稳定上升态势。与此同时，在一些城市，高校周边的房地产开发也是如火如荼。以成都为例，产权学生公寓正成为校园经济的最热点。再者，由于邻近大学校园，周边的商业模式也以餐饮、娱乐、休闲、零售等经营业态为主。再加上大学本身所具有的深厚人文底蕴，稍微点缀的商业氛围就能辐射周边社区，带动消费。有资料显示：一些城市已在谋求更大的动作，将高科技产业区与高校区的整合规划，以高校教育产业为龙头，多方位发展教育培训、休闲旅游、会展经济等多种产业，以此拉动区域经济繁荣。

六、听录音，将以下5类消费者的比例写下来，并选择符合他们特点的选项填入表格中。

日前，全球市场资讯权威机构AC尼尔森的最近一项调查表明：在当今复杂的市场环境当中，中国消费者呈现5种不同的面貌。中国有5类消费者，可以称之为敢于冒险者（占14%）、努力耕耘者（占23%）、价格至上者（占27%）、潮流追随者（占26%）和时代落伍者（占10%）。敢于冒险者乐于尝试新事物，喜欢购买最新技术和新潮的东西；努力耕耘者则以质量为第一位，愿意花钱买高质量的品牌；价格至上者讲究物有所值，为买得合算情愿等到商品降价；潮流追随者容易受到广告影响，如果是自己的偶像代言的产品一定是要购买的；时代落伍者也要买名牌，但国际品牌还是国内品牌对他们来说区别不大。

第六单元　投资有道

课文1　家庭理财

陈先生：专家您好！我今年33岁，目前在一家私企工作，税后月工资14000元。我妻子32岁，也在一家私企工作，税后月工资5000元。

专　　家：你们的家庭情况如何？

陈先生：我和妻子都是大学毕业后留京的，父母都在外地。由于工作压力我们一直没有要孩子，但准备两年内解决这个问题。

专　　家：你们日常生活的主要开支有哪些？

陈先生：每年的物业费、暖气费、车险、停车费加在一起约合1万元。买衣服、家具、电器大约1万元，每月人均消费1000元。

专　　家：根据你的介绍，我们大概计算一下，你们家庭每年的开支，算上物业费、养车费用以及日常支出等方面，合计约4.4万元，即使加上一些计划外的支出，你们每年的支出最多不会超出5万元。

陈先生：是的，每年的结余大约在15万元左右。

专　　家：请问你有哪些理财的目标呢？

陈先生：首先是父母年龄大了，他们退休在家，如今我们成家立业，希望能实现每年给双方老人5000元的愿望。

专　　家：其实按照你们每年的结余情况来看，给双方父母各5000元赡养费用是不存在任何问题的，每年银行储蓄的利息就完全可以支付这笔费用了。从收益率上考虑，建议你们将目前存款中的20%投资于一些收益较高、风险较小的金融产品，比如黄金、外汇等。

陈先生：其次，我们夫妻二人都在私企工作，收入虽然过得去，但不算稳定，因此希望有朝一日能自己创业。

专　　家：创业金的准备不能仅仅靠储蓄，如果确实想创业的话，那么建议你利用工作之外的时间学习金融知识，进行股票投资。如果方法正确，股票投资的收益比其他方式都要高。另外，我还建议你买一些商业保险，毕竟你是一家之主，有备无患嘛。

陈先生：商业保险买多少合适呢？

专　　家：年保险费控制在年收入的2%即4500元左右，这样并不会有太大的支出压力。

陈先生：另外，我妻子是独生女，她的父母打算将来搬到北京住，但不愿意同住，希望在我们附近买个小一居的房子。我想听听专家的建议。

专　　家：不知你岳父母的经济情况怎么样？

陈先生：岳父岳母都是工薪族，退休金双方每月大约5000元。此外，还有60万元积蓄，在老家有两套住房，约合50万元。

专　　家：据我了解，你们家附近的一居室目前的价格为150万至180万。

陈先生：是的，全款买的话还是有点困难的。我们又准备两年之内要孩子，必须保留一部分积蓄。

专　　家：考虑到两位老人的经济状况尚可，有60万元积蓄，同时还有两套住房，你们可以与岳父母共同出资，再贷点款。我算一下，如果你们首付60万元，每月还4074元左右的贷款就行了。如果父母一时不来北京，还可以考虑以租养贷的方式。

陈先生：这倒是一个不错的方法，那就这么办吧！

课文2　月入三千也可幸福地生活

假如你的月收入只有3000元，你也可以过得很好。我帮你把钱分成5份。第一份600元，第二份500元，第三份500元，第四份400元，第五份1000元。

第一份，用来做生活费。这么少的生活费，能吃些什么呢？别着急，听我的安排：早餐一份米线，一个鸡蛋，一杯豆浆。中餐一份快餐，一个水果。晚餐自己开个小灶，煮点饭，做俩菜，睡前一杯奶。这样的伙食一月下来大概是500～600元。如果你年轻，这样的食谱，保你数年内不会有健康问题。

第二份，用来交朋友，扩大你的人际交往圈子。多发短信，少打电话，你的电话费只会用掉100元。每个月可以请客两次，每次200元。记住，真正谈得来的朋友是不需要上高档餐馆的，路边小店的炒菜、几瓶啤酒就可以聊得很开心。

请谁呢？记住，请比你有思想的人，比你有经验的人，和你需要感激的人。一年下来，你可以从他们身上学习到很多东西，你们的交情也可以一直延续下去。

第三份，用来学习。每个月可以用50～100元用来买书。每一本书，看完后，就把它变成自己的语言讲给别人听，与人分享可以拉近你和朋友的距离。另外的200元存起来，每年参加一次培训，从不间断。等收入高一些了，或者有额外的积蓄，就参加更高级的培训。参加好的培训，既可以结交志同道合的朋友，又可以提升自己的水平。

第四份，用于旅游。一年奖励自己至少旅游一次。不要参加旅游团，旅游团通常是要赚你的钱的。参加那种自由行的旅游，住进青年旅社，吃当地的小吃，会很节省。其实地球并不大，每年都出门，几年下来，就可以走遍世界各地，旅游留下美好的回忆，会使你更加有热情投入到工作中。

第五份，用来投资。一部分存在银行里；另一部分可以投资到股市里，也可以用来做进货的本钱。小本生意很安全，比如，开一个淘宝网账户，去批发点东西来卖，就算亏损了反正也不多。赚了呢，既赚了钱又赚了自信和胆量，还积累了经验。赚的钱多了，就可以开始考虑长期投资计划了。如果想使自己提早获得收益，保证自己和家人有一份充足的资金来照顾，就必须提早进行投资。

总之，无论你的收入是多少，记得分成五份。人生是可以设计的，幸福是可以准备的。现在就开始吧！在你穷的时候，要少在家里，多在外面。在你富有的时候，要多在家里，少在外面。这就是生活的艺术。

综合练习

三、听录音，请根据对话内容选择正确的答案。

1. 老孙：老马，你看，现在的年轻人真是越来越会享受了。

   老马：是啊，他们真是太幸福了，今年"五一"长假，我儿子和女儿去美国旅游，我却还在家里做家务。老孙，您"五一"干什么了？

   老孙：我能做什么，无非就是在家里看看电视。

老马：我们也应该向年轻人学习，让自己的生活变得丰富多彩起来。

问：老马"五一"长假做了哪些事情？

2. 李红：小张，明天公司放假，你有什么计划吗？

 小张：我打算去打保龄球，你呢，李红？

 李红：真巧，我也是这样打算的，咱们一起去吧？

 小张：这样再好不过了。

 问：从他们的对话中可以知道以下哪一项是正确的？

3. 李红：小张，你最近在忙什么呢？很久没看见你打保龄球了。

 小张：啊，我现在下班以后去游泳馆学游泳。

 李红：游泳很难学吧？

 小张：看起来很难学，其实不算难学。当然，比打保龄球难多了。

 问：小张对学习游泳有什么感受？

4. 李红：周末你有什么休闲活动，李刚？

 李刚：我很可怜，一般是在公司加班。

 李红：不能成年累月地工作，要注意休息，比如听听音乐，锻炼锻炼身体。

 李刚：我也想啊，可是哪有时间啊！

 问：李刚在周末都做哪些事情？

5. 李红：小孙，昨天跟师范大学代表队踢球，最后结果怎么样？

 小孙：和上次的结果完全一样，8∶0。

 李红：你们到底怎么回事儿啊？

 小孙：我们队有些人技术太差了。

 问：从他们的对话中我们可以知道以下哪一项是正确的？

6. 小孙：我们经理真厉害，快60岁了，还经常加班。

 李红：小孙，你们天天在一起工作,没有发现他为什么精力那么充沛吗？

 小孙：他呀，属于那种特别爱运动的人，每天都坚持锻炼。

 李红：看来，你得跟他学习才对。

问：小孙可能是一个什么样的人？

7. 女：今天晚上咱们吃完饭就去看电影吧，很长时间不去电影院了。

    男：我哪儿有时间，一会儿我还要去见一个客户，你自己去吧。

    女：你越来越不像话了，你眼里根本就没有我！

    男：我拼命工作是为了什么，还不是为了这个家？

    问：这两个人可能是什么关系？

8. 李刚：李红，你理想中的丈夫是什么样的人？

    李红：要拥有很高的社会地位，还要有一定的经济基础。

    李刚：你认为拥有这些东西的人就能给你带来幸福吗？

    李红：那倒也不一定，可是没有这些东西，生活一定不幸福。

    问：李红理想中的丈夫是个什么样的人？

9. 李红：李刚，昨晚你们公司举办的晚会怎么样？

    李刚：大家玩儿得都很高兴，又唱歌，又跳舞的。

    李红：你们公司怎么常常举办晚会呢？

    李刚：举办晚会既能让员工放松休息，又能让大家相互了解，有利于公司的发展。

    问：李刚认为公司为什么常常举办晚会？

10. 女：小李，我们的下一站是哪儿？

    男：我们的下一站是举世闻名的泰山，泰山上既有很多人文景观，也有很多自然景观。

    女：太好了，我早就想去泰山了！

    男：那再好不过了，让你们玩儿得高兴是我的责任。

    问：小李可能是什么身份？

四、听录音，选择正确的答案（可能不止一个正确答案）。

广东有一个大学三年级学金融专业的女孩子，20岁的时候用父母给的10万元钱投身股市。她只做了一只股票——四川长虹，经过上涨、分红，两年后，也就是在她毕业的那年，她已拥有20万元的资本。还有一位30岁的女士，看中郊区一个小区环境不错，价格又适中的商品房，于是便以首期15万元，分期付款每月2000元的方式买下，自己则从市区的两居室中搬到郊区的住房居住，而将市区的旧房以每月1500元的价格租了出去。10年后，当该女士40岁的时候已轻轻松松地拥有了两套房产。而随着房产市值的不断增长，该女士郊区的住房已从原来的5000元/平方米上涨到现今的2万元/平方米，因为该城市的市区在十年内向外扩展了数10公里，该郊区已成为该城市的商业中心。而她原来市区的房产的租金也由原来的1500元涨到现在的4000元。

一般人会说，以上两位女士的致富是运气，如果她没有买到好股票和好地段的房产，也许还会血本无归呢。当然，股票和房产的投资很可能使人一夜暴富，也会使人倾家荡产，任何一项收益越大的投资，风险也越大。但是，只要注意平稳投入，不断积累，不操之过急，你一样可以成为百万富翁。

五、听录音，在横线上填入听到的内容。

对那些习惯超前消费，对未来生活毫无计划的人，<u>理财</u>专家形象地称他们为"月光族"。虽然目前的生活过得光鲜亮丽，但是<u>一旦</u>要添置大件物品，或是遇到紧急情况需要有<u>积蓄</u>支持的话，"月光族"就没辙了。

如何才能让"月光族"做个彻底的改变呢？

第一步：节流。"月光族"最首要的就是控制每月<u>支出</u>。比如：减少泡吧、K歌，尽量减少在外就餐次数和<u>档次</u>。穿着方面，要坚持衣服在精不在多的原则，有计划地购买。日常生活支出要控制在<u>收入</u>的1/3左右。

第二步：强制储蓄。"月光族"们要给自己设定每个月的目标，每个月必须在银行存多少钱，以此来<u>积累</u>财富。建议各位"月光族"可以采用定期定额<u>投资</u>的方式，不但可以起到强制<u>储蓄</u>的功效，而且还可以获得较高的回报。

第三步：投资。"月光族"还需要为自己的生活预留一部分紧急备用金，来应变不时之需。由于年轻人<u>风险</u>承受能力较高，所以可以考虑进行一些操作较为简单、<u>收益</u>较高的投资。建议可以购买一些银行发售的<u>金融产品</u>，或者投资<u>股票</u>

也是值得考虑的。

第七单元 商 务 礼 仪

课文 1 我要参加公司的商务酒会

李虹：王欣，快帮帮忙。

王欣：什么火烧眉毛的事儿？

李虹：你说公司早不通知，晚不通知，偏偏快下班了才通知我，明天有一个重要的商务酒会让我参加，我一个实习生没经历过这种场合，能不急嘛！连个准备的时间都没有。

王欣：商务酒会是以交流为目的的酒会嘛，去就行了，有什么着急的？

李虹：可我不知道商务酒会有什么讲究。你得帮帮我，这不是你的专业吗？真后悔当初没选修商务礼仪课。

王欣：这是什么商务酒会？

李虹：为了庆祝公司成立10周年，公司邀请了在北京的与公司业务有关系的各个单位参加。地点是在公司附近的一家五星级饭店，时间是明天下午3点到6点。

王欣：噢，这不是正式的宴会。会上不设正餐，只是略备酒水、点心等，一般都是以自助的方式举办。主要目的是交流。礼仪上你只要在着装、交流、就餐这三个方面注意一下，就可以了。

李虹：我应该怎么打扮自己？我还是实习生，哪来的什么礼服？

王欣：又不是正式的宴会，穿礼服太隆重了，想想看，大白天的穿着礼服在人群中穿来穿去，弄不好，人家还以为你是服务生呢。

李虹：那我就穿上班穿的衣服吧。

王欣：穿职业装就可以，当然，太职业了也不好，毕竟不是办公室，最好是半职业装，但绝不能穿休闲装。

李虹：穿百分百安全的小黑裙，怎么样？

王欣：你可以在小黑裙上套上你那件质地精良的白色小西服。一定会让你从人群里脱颖而出。至于鞋，不用说了，肯定是黑色或深色皮鞋了。

李虹：那怎么与别人交流呢？

王欣：酒会上另一个重要的环节就是交流，主动、亲切、友善是大原则。积极主动选择自己感兴趣的对象进行交谈能为你带来有价值的信息，也能交到新的朋友。

李虹：那如果我不喜欢和这个人聊天怎么办？

王欣：遇到不喜欢的人，也不要显出不耐烦的神色，任何急于脱身的举动都会造成他人的不愉快。当然，谈话时也不要心不在焉，那样的行为很容易让人理解为你不重视他，是十分失礼的。最好的办法是，交谈时给对方留出随意离开的机会，或提议两人一起去见同一位熟悉的人，或是参加到附近的人群中去聊天。

李虹：这样的商务活动允许接打电话吗？

王欣：如果你在与他人交谈的同时，不停地接听手机电话，这是对对方的极大不尊重。因此，参加商务酒会前一定要提前关闭你的手机。如果确实在等重要的事情，请务必调成震动或静音，遇到重要问题不得不接听时，请一定记得先跟对方说抱歉，并征得对方的同意再接听，还要记得说我一会儿就回来。接听电话的时候要走开，并尽量缩短电话时间。

李虹：就餐时我应该注意哪些呢？

王欣：这样的自助式的商务酒会，一般只有酒水和简单的点心。所以讲究不是太多，你注意不要像握茶杯那样握红酒杯，因为这样会让你无法与别人碰杯。其次，吃多少取多少，不要把自己的盘子堆得满满的。另外，握酒杯一定要用左手，这样可以方便你跟别人握手。好了，该告诉的我都告诉你了，下面就看你自己的了。

李虹：这就帮我大忙了，谢谢你。

课文 2　商务宴请 ABC

商务宴请一般都有一定的目的，有的是为了跟客户联络感情，有的是为了共同庆祝生意的成功，有的是欢迎，有的是答谢。宴请的形式根据内容和客人来决定，有中餐，有西餐，有隆重的晚宴，也有自助的酒会。宴请的时间一般要与主宾商议，征求他们的意见，尽量避开客人的节日、假日和禁忌的日子。如西方客人禁忌十三和星期五，伊斯兰教徒禁忌在斋戒日太阳没有落山时进食。如果邀请的是一位时间非常紧张的职业人士，那么利用早餐或喝咖啡的时间见面是最好的选择。

确定好用餐时间之后，就要选择用餐的地点了，安排合作伙伴或者潜在客户在餐馆见面，这会让对方感觉双方的地位是对等的，谁也没有地位上的优势。除非你有特殊的安排，否则不要邀请客人到公司或者家里用餐。虽然高档的餐馆会让客人感觉你重视他们，但是必须要保证这个餐馆接受订座，没有人愿意为一张空桌子等 45 分钟。宴请之前，要提前和餐馆谈好折扣，不要在饭后为了价钱的分歧而争论。

商务宴请中礼仪是非常重要。所谓礼仪就是让别人更舒服、更受到尊重的一种感觉。在西方文化中，那些连刀叉都不会使用的商务人士，在重要的商务场合，丢掉的不仅仅是面子，还有可能是工作或者业务机会。试想一下，如果一个客户看到你用餐巾纸擤鼻子，发出巨大的不雅的声响，他们可能会想，既然这个人连基本的礼仪都不在乎，他还在乎什么呢？有了这种想法的客户，自然不会放心把大笔生意交给你。因此，不要以为只要热情，只要选择高档的就餐场所，只要就餐的时候讲究礼仪，就一定给你的客户留下深刻的印象。

在商务餐桌上，一个非常不妥当的举动是使用手机。美国的一些高级餐馆一般在客人坐下来之前，都会要求他们把手机交给前台暂时保管，这样就不会对别人造成干扰。当食物上桌以后,切记,不要立即把所有的食物都切好、分好。不要让盘子中的食物看起来太多。不要含着满嘴的食物说话。不要一口吃下过多、过大的食物,不要吃得太快。此外,把胳膊支在桌子上,跷着二郎腿,对待服务生的态度很粗鲁,谈论过于个人化,旁若无人地大声说话,过早进入商业话题都是餐桌上禁忌的不文明举动。

商务用餐少不了饮酒。一般来说,在斟酒的时候要把每个人的酒杯斟满,但是,葡萄酒、香槟酒和白兰地例外,只宜斟到酒杯的 2/3 处。致祝酒词通常是男主人或女主人的优先权。如果无人祝酒,客人则可以提议向主人祝酒。祝酒词后,一般是主人和主宾先碰杯。身份低或年轻者与身份高年长者碰杯时,应稍欠身点头,杯沿比对方杯沿略低则表示尊敬。当主人致祝酒词时,应暂停进餐,停止交谈,注意倾听,不应借此机会抽烟。敬酒要适可而止,意思到了就行了。也不用喝酒精含量较高的酒。

综合练习

三、听录音,根据对话内容选择正确答案。

1. 男:这家饭店的菜怎么样?

   女:照我看饭店的菜也不过如此。

   问:女的觉得菜怎么样?

2. 男:今天天气怎么样?

   女:还不是老样子,还得穿那么多衣服。

   问:前几天天气怎么样?

3. 男:王小姐,我刚刚和小杨通过电话,要不是你帮忙,后果真是不堪设想。我诚心想请你吃顿饭,也想和你好好聊聊,不知道……

   女:那好哇,我正懒得做饭呢。

   问:男的为什么要请王小姐吃饭?

4. 男:小李,你的技术我一向佩服,只是不明白,你本来是有机会击败我的,

　　　　我要是败了，你就是业务经理了。
　　　女：我的确想赢你，但是我要靠实力和你公平竞争。
　　　问：男人和女人之间的关系是？

5. 男：最近小刘老是和小张过不去，怎么回事儿？他们不是好朋友吗？
　　　女：还不是看着小张步步升高，得了红眼病？
　　　问：小刘最近怎么样？

6. 男：小王，你干吗垂头丧气的？
　　　女：真倒霉，一上班人事部就通知我被扣奖金了。
　　　问：小王不高兴的原因是？

7. 女：董事长，明天晚上的宴会您去参加吗？
　　　男：小李啊，我最近胃不太好，让总经理代我去吧？
　　　问：谁会参加明天的宴会？

8. 男：听说那个项目他们拿下来了，了不起。
　　　女：他们那半瓶醋，哪里拿得下来？
　　　问：女的是什么意思？

9. 女：今天老张讲的我一点儿也没听懂。
　　　男：依我看，他自己懂没懂都是个问题。
　　　问：男的是什么意思？

10. 女：你说得倒容易，谁要是这么说你，你会冷静吗？
　　　男：我不是不让你发脾气，而是想让你冷静一下，别太冲动。
　　　问：这两个人在做什么？

四、听录音，请根据句子内容填空。

1. 小张结婚时，向亲戚朋友发了几百份（请柬），结婚（宴会）办得相当热闹。

2. 明天是我女朋友22岁生日，我打算为她（举办）一个生日晚会。

3. 自从当了总经理以后，（应酬）越来越多，感到很疲劳。

4. 吃中餐时，人们习惯给别人（夹菜）、（敬酒），但我不喜欢这种方式。

5. 他的妻子把家里收拾得干干净净，真是一个（贤惠）的人。

6. 真没想到他会来拜访我，我觉得很（惊讶）。

7. 有些人吃饭的时候（狼吞虎咽），给人的印象特别不好。

8. 中国的饮食文化十分丰富，连（上菜）都是很有讲究的。

9. 昨天我去了一个朋友家吃饭，朋友的妈妈做了很多（拿手）的菜给我们吃。

10. 最近经常有人请我吃大餐，但我的（食欲）却不好。

五、听录音，完成下面的练习。

我们的老板爱德华是美国人，他是个"工作狂"，常常让我们这些手下和他一起加班，我们都觉得他是个不会休息的人。今天是个周末，他在办公室宣布："我邀请你们来我家参加PARTY，怎么样？"这么说，今天晚上不仅不用加班，而且还有一顿大餐？我们都高兴坏了。

老板家在一个环境优美的小区里。一到他家，最先看到的是大门上的倒着的"福"字，门一开，两个漂亮的小姑娘蹦蹦跳跳地迎了上来，她们长得一模一样，一定是老板的双胞胎女儿。老板家里的布置完全出乎我们的意料，所有的家具和装饰品都是中式的，连家里的电器都是中国货。最让我们惊讶的是，桌上摆了一桌中国菜，还有我最喜爱的北京烤鸭呢！老板得意地说："这是我太太的拿手菜。""老板，您太太真是一位'中国通'。"我的话刚说完，就看见一位美丽的女子端着一壶茶从厨房走了出来。"这是我太太。"老板向我们介绍道。我们都笑了，原来，爱德华这位贤惠的妻子是一个中国人！

晚餐后，我们开始唱歌、跳舞、做游戏，爱德华弹钢琴，他的妻子唱歌，一对小女儿在宽大的客厅里跑来跑去，好不热闹！我们没想到老板竟然还提出玩儿麻将。"不要小看我！"他警告我们。果然，玩儿了两个小时，他赢多输少。看着老板快乐的神情，我想："谁说我们的老板是个不会休息的人呢？"

六、根据录音，将提到的吃中餐的礼仪选择出来。

中餐不仅是中国传统文化一个重要组成部分，而且受到外国朋友的喜爱。吃中餐有一些礼仪需要注意：如果举行正式的宴会，一定要提前向客人发请柬。客人参加宴会时最好不要迟到，这是对主人和其他客人的尊重。客人入座后，主人敬酒夹菜，客人要表示对主人的感谢。上菜也有一定的顺序，一般是先上凉菜，后上热菜，上汤则意味着是最后一道菜了。不论主人还是客人，用餐动作都要文明，在宴会上，不要大声说话，更不要狼吞虎咽，这会给人留下很不好的印象。用餐结束后，客人不要着急离开，等到主人宣布结束以后，客人再离开宴席。

第八单元　求职应聘

课文1　我想找份兼职工作

周经理：请进。您好，请问您找谁？

王　民：我找公司的周经理。

周经理：我就是，请问您是……

王　民：我叫王民，昨天跟人力资源部的赵先生通过电话。听说贵公司招聘业务经理，我想来应聘。这是我的身份证和简历。

周经理：你的简历上说你一直在学校工作？

王　民：是的，我是职业技术学院营销专业的教师。除了教学外，我想做一份与专业有关的兼职工作。

周经理：学校允许你们做兼职工作吗？

王　民：高职培养的就是一线的营销人员，只教书本知识的老师是不受欢迎的。

周经理：这是你想做兼职的唯一原因吗？

王　民：当然，做兼职还可以为我带来更可观的收入。我们这个年龄的人上有老，下有小，生活的负担也不轻呀。

周经理：可是教学是教学，销售是销售，你有这个行业的工作经验吗？

王　民：有，读大学的时候，我就在一家外企代理处做过客户服务协调员，之后我转到一家合资企业做市场发展部经理，所以我对中国市场非常熟悉。

周经理：请说说你为什么会选择我们公司呢？

王　民：好的，1955年贵公司的首任董事长在渥太华成立了公司。资本额为15亿加元，有8000员工，是加拿大同行业中最大的公司。

周经理：哦，你还挺了解我们公司的情况的。你还知道些什么？

王　民：贵公司的产品主要在加拿大和美国市场销售，但在中国市场上知名度也很高。

周经理：你认为对一个销售员来说最重要的是什么？

王　民：我认为是对他自己和对他所销售的产品的自信。

周经理：为什么你认为你能胜任我们公司的这个职位呢？

王　民：我熟悉销售工作，既有理论知识又有丰富的工作经验，我还具有团队精神和较好的人际交往能力。

周经理：你在学校是个好老师吗？

王　民：去年我获得了"优秀教师"的称号。而且每年学生给我的评分都在全校前十。我对自己有信心，我不仅是个好老师，还是一个相当受学生欢迎的老师。

周经理：对这份工作，你有什么问题要问吗？

王　民：我想问一个问题，不知道是否合适。我想知道这个职位的薪酬如何？

周经理：底薪是1500～2000元，再加上你的销售提成，一般会有三四千元。

王　民：顺便问一下，我的试用期多长？

周经理：至少是3个月，这段期间你只能拿到一半的工资。但具体时间的长短，将根据你的业绩情况来定。一般来说，业绩越好，试用期越短。

王　民：我什么时候能知道最终结果呢？

周经理：我们只有和其他5位应聘者都谈过之后才能作出最后决定。但无论如何，我们会在一个月之内联系你的。好的，非常高兴见到你，再见。

王　民：我也非常高兴见到您，再见。

课文 2　面试的技巧

面试有什么技巧呢？刚毕业走向社会的大学生，大多数没有经验，面试的时候会很紧张。其实，职场的第一步就应该是实实在在，把自己的优势和劣势都表达出来，让面试官感觉你是个诚实的人。

任何人都不可能是万能的。在面试中，如果遇到实在不会回答或不懂的问题，就应该老老实实告诉对方，不要不懂装懂。著名的交际大师戴尔·卡耐基年轻时曾到一家公司应聘推销员的工作，总经理看着这个不起眼的年轻人，出了一道试题，想让他知难而退。"嗨，假如我让你把一台打印机推销给本地的农场主，你行吗？""对不起，先生。我没办法做到，因为农场主不需要它。"卡耐基诚实地说出了自己的想法。"恭喜你，小伙子，从今天开始你就是我们公司的推销员了。"总经理说。卡耐基就是因为说了一句大实话获得了一份宝贵的工作。他的成功之处，就在于他不同于其他的求职者。一般求职者千方百计去干一件不可能的事情，而他大胆地说出自己真实的想法。卡耐基的成功告诉我们，有时候，你头脑中真实的想法，就是你成功的法宝。

面试的时候，尽管事前你有充分准备，但主考官仍可能会提出各种各样难以回答的问题来了解你的性格、能力和团队精神。遇到这种情况，千万别紧张，要化劣势为优势。比如谈自己的缺点，既要讲出一点两点，又不能贬低自己，最好在谈缺点的同时，也展现出自己的优点。

在面试应答中常被提及的一个不太好回答的问题就是你的薪酬。面试的人应该掌握以下两个环节。一是摸清情况。在你与招聘者面谈之前，可以先了解行业的一般待遇以及前任工资收入。二是选择时机。你不宜在刚与招聘者见面时就谈待遇问题，最好是对方表示出对你满意时再谈。当招聘者有意聘你时，他可能会突然提问：你希望的月薪是多少？此时，就可以根据你掌握的有关情况，说出自己能够接受的最低待遇和希望获得的最高月薪。

面试中的语言是很重要的。如果说给面试官的第一印象是人的外貌的话，那么语言则是面试官决定是否聘用你的第一条件。所以面试自我介绍要简单、有分寸。不要用背诵课文的口气把求职材料上写得清清楚楚的内容再说一遍，那样只会让主考官打瞌睡。最好的选择是用两分钟左右的时间，根据你所应聘的职位，重点地介绍与之相关的学历、经历、能力以及个性特征等。同时，要做到说话清楚，声音不要太大也不要太小，不要用口头语回答问题。一位公共关系学教授说过这样一句话，每个人都要向孔雀学习，两分钟就让整个世界记住自己的美。自我介绍也是一样，要尽量地在较短时间内让考官了解自己的能力、特长、优势，千万别干画蛇添足的蠢事。

面试中无论发生什么情况，千万不要中途打断面试官的提问，中途打断别人的说话本来就是很不礼貌的，更何况你面对的是考官。即便是对面试官有异议，也要等面试官把问题说完，然后再做回答。记住，谦虚、诚恳、自然、自信的谈话态度会让你在任何场合都受到欢迎，对所提出的问题对答如流、恰到好处，你就会成功获得你想要的职位的。

综合练习

三、听录音，根据句子内容填空。

1. 我是王为，想来（应聘）贵公司的业务经理。
2. 我是北方汽车公司的（销售）经理，请问您（贵姓）？
3. 请问先生（原来）在哪家公司工作？
4. 很多企业管理太落后，很可能被（淘汰）。
5. 我们公司成立的时间不太长，但是很有发展的（潜力）。
6. 这家公司的工资跟我以前工作的那家公司的工资（差不多）。
7. 你不用担心，凭你的工作（经验）和（能力），一定能找到一份满意的工作。
8. 这份工作太累了，工资又很低，你怎么能（动心）呢？

9. 经理，我一定（珍惜）我的工作（机会），请您给我分配任务吧。

10. 刚才我太（紧张）了，根本做不到（对答如流）。

四、听录音，根据对话内容选择正确答案。

（一）

男：你的工作定了吗？

女：还没呢。

男：你怎么也不着急？很快就毕业了。

女：着什么急？毕业怕什么，难道找不到工作吗？现在报上招聘广告多得很。

男：你别看招聘广告多，理想的工作不一定有。

女：我想去海南或深圳试一试。

男：你哪儿也别去，就留在北京，我看哪儿也没有北京好。等工作一年以后，我们就把事儿办了，然后再生一个小宝宝，多好啊！

女：要这样的话，我的计划就泡汤了，谁不想年轻时干一番事业呀！

男：看你说的，在北京就不能干事业了？

（二）

记者：春晓，当时你辞去"国有企业"的工作是怎么考虑的？

春晓：我一直做着时装梦，渴望有一天能自己独立设计服装。因此六年前为学服装设计，我辞去了工作，进了纺织工程学院服装设计专业学了三年。毕业后我放弃了进合资公司的机会，虽然公司聘用的薪金很高，但不能实现我的梦想，最终我还是毅然走上了独立创业的路。

记者：自己经营一个小店比在大公司工作还要难多了吧？

春晓：怎么说呢，难是难，可我学了服装设计后，自己的许多想法能成为现实了。就冲这，不管哪个公司给再多的薪水我也不会去的。我的店小，来的人也并不多，但"成功率"很高，来的大部分是回头客。他们常拿自己的样子来这儿选料子做出成衣。也有人"把穿着不提气，扔了又可惜"的过时时装拿来，几天后我准能给他们个惊喜。每当这时，我总有一种自豪感。我终于能把"时装再生"的想法付诸实践了。虽然累点儿，但感到生活得特充实。

五、听下面各大著名公司对企业人才的要求，并把合适的选项填到相应公司名称的后面。

不同的公司对员工的要求不一样，看看这些著名的公司是怎么说的：

IBM：我们比较强调员工的业绩，并不是太看重你是哪个学校毕业的，你是什么学历，而是看你真正在工作上的贡献，还有你表现出的工作热情。IBM注重的是你工作的效率，而不是看你以前的背景。

欧莱雅：我们是一家以开放、现代而著称的时尚公司，我们需要的人才要具备开阔的思路、敏锐的触角，能应对时尚和市场的瞬息变化。我们特别强调应聘者对时尚的热爱，要积极去观察生活、感受时尚，有充分的想象力并懂得举一反三。

微软：我们愿意招"微软人"。在一群人中，你特别容易辨识出谁是微软人：他是最有激情的一个，经常提一些新点子，够聪明，反应快，有创新。可能是最早来，也可能是最晚走的那个。你会觉得奇怪，怎么招了这么一个人，他在这个行业涉猎不很深，年纪也不大，但是他有激情，和他谈完之后，你会觉得他有很多想法，愿意给他一个机会。

三井：我们会着重观察应聘者外在气质和内在品质。对于外在气质的考察主要通过观察，应聘者穿什么衣服，留什么发型，走路的姿势，如何与面试人员打招呼，如何接送文件，如何对待在场的其他工作人员等。应聘者可能在不经意间完成了这些动作，公司的考察就在这个过程中完成了。在考察应聘者内在品质时，我们着重考察应聘者的自信程度。我们经常设计一些模拟场景。比如，应聘者到公司后，让一名工作人员把他从门口领进会议室，转一圈后再出来。测试题是这样的：让应聘者详细描述一下自己在这几分钟内看到了什么。通过这个测试我们不难发现，那些描述得具体生动的人，能很好地调节心态，让自己很快地放松下来，我们通常认为这样的人充满自信。

参考答案

第一单元 初来乍到

课文1 签订合同

一、听录音,根据课文内容判断正误。

1. 错 2. 错 3. 对 4. 对 5. 对 6. 对 7. 对 8. 错 9. 对 10. 错

二、听录音,根据课文内容选择正确答案(可能不止一个正确答案)。

1. C 2. C 3. BC 4. ABD 5. A

课文2 交电话费

一、听录音,根据课文内容判断正误。

1. 对 2. 错 3. 对 4. 错 5. 对 6. 错 7. 错 8. 对 9. 对 10. 错

综合练习

二、完成下面的关于多音字的练习。

1. 给下面的多音字注音。

（1）合同（tong）　　　　　　　　胡同（tòng）

（2）应（yìng）邀　　　　　　　　应（yīng）当

（3）模（mú）样　　　　　　　　　模（mó）式

（4）桌子（zi）　　　　　　　　　子（zǐ）女

（5）宁（nìng）可　　　　　　　　安宁（níng）地生活

（6）宗教（jiào）　　　　　　　　教书（jiāo）

（7）数（shù）量　　　　　　　　数一数（shǔ）人数（shù）

（8）称（chēng）重量　　　　　　这件衣服和你不相称（chèn）

2.选出画线字注音正确的一项。　　C

三、选择下面的词语填在横线上。

1.付账　2.检查　3.尤其　4.身份证　5.合同　6.点击　7.胡同

8.提醒　9.申请　10.舒适

四、听录音，根据对话内容选择正确答案。

1.D　2.B　3.B　4.A　5.B　6.A　7.（1）A　（2）A　（3）B　（4）D

五、听录音，做下面的练习。

1.请根据录音内容填写下面的购物单。

商品名称	单位	单价（元）	数量
牙膏	盒	4.90	1
牙刷	支	2.73	5
毛巾	打	20.00	1
红色洗脸盆	个	4.40	1
蓝色洗脸盆	个	5.70	1
笔盒	个	8.60	1
笔记本	本	2.55	3
铅笔	支	0.50	20
巧克力饼干	包	9.99	3
矿泉水	瓶	1.60	4
冰淇淋	支	1.00	1

六、听录音，完成下面的练习。

（1）×　（2）×　（3）×　（4）×　（5）√

（6）√　（7）×　（8）×　（9）√　（10）×

第二单元 假日经济

课文 1 我想了解中国的传统节日

一、听录音，根据对话内容选择正确答案（可能不止一个正确答案）。

1. ABC 2. AC 3. A 4. ACD 5. D 6. ABC 7. B 8. C

三、听录音，在下题横线处填上听到字，完成下面这首古诗。

1. 清明 2. 行人 3. 酒家 4. 杏花村

课文 2 不一样的拜年方式

一、听录音，判断正误。

1. 对 2. 对 3. 对 4. 对 5. 对 6. 对 7. 错 8. 对 9. 对 10. 错
11. 错 12. 对 13. 错 14. 对 15. 错

二、听录音，选择符合原句意思的一项。

1. A 2. C 3. B 4. B 5. B 6. A

综合练习

二、关于数字的练习。

3. 听录音，在横线上填入听到的数字。

（1） 3000　　　　　　　500000000
　　　3587　　　　　　　5719376
　　　76088　　　　　　 13540030
　　　9005.31　　　　　 5008.08
　　　876900.5　　　　　359637892

（2） 3.93 亿，100 亿，180 亿，311.7 亿，182.1 亿，41.57%，110.4 亿，8.0%

三、选择下面的词语填在横线上。

1. 习俗 2. 用户 3. 消费 4. 团圆 5. 截止 6. 高峰 7. 扫墓

8. 重视　9. 业务　10. 拜年

四、听录音,判断下面的说法是否正确。

1. 错　2. 错　3. 对　4. 错　5. 对　6. 对　7. 对　8. 对　9. 对　10. 错

五、听录音,根据对话内容选择正确答案。

1. B　2. C　3. D　4. A　5. C　6. A　7. B　8. A　9. A　10. A

六、听录音,根据课文内容判断正误。

1. 对　2. 错　3. 错　4. 对　5. 对　6. 对　7. 对　8. 错　9. 对　10. 错

第三单元　旅游经济

课文1　明天看红叶去

一、听录音,根据课文内容判断正误。

1. 对　2. 错　3. 对　4. 错　5. 对　6. 对　7. 错　8. 错　9. 对　10. 错

二、听录音,根据课文内容理解下面每句话的含义。

1. D　2. C　3. A　4. B　5. B　6. B　7. A

课文2　旅游带来了什么?

一、听录音,判断下面的句子是否符合课文的意思。

1. 对　2. 错　3. 对　4. 错　5. 对　6. 对　7. 对　8. 对　9. 错　10. 对

二、听录音,根据内容选择正确的答案。

1. B　2. C　3. C　4. A　5. C　6. A　7. B　8. C　9. B　10. B

综合练习

三、选择下面的词语填在横线上。

1. 特产　2. 成本　3. 程度　4. 就业　5. 加工　6. 天南海北　7. 小贩

8. 郊游　9. 估计　10. 观赏

四、听录音,根据对话内容选择正确的答案。

1. C 2. A 3. A 4. B 5. A 6. C 7. C 8. B 9. C 10. B

五、听录音,把听到的数字填在横线上。

2.52 亿, 9.0%, 3963.1 亿, 9.3%, 2032.2 亿, 8.0%, 24.3%, 607.9 亿, 10.7%, 8.6%

2.47 亿, 9.3%, 3666.3 亿, 11.1%, 1.48 亿, 8.3%, 3332.3 亿, 10.4%, 9983.3 万, 10.8%, 334.0 亿, 18.6%

450.1 万, 10.1%, 62.5 万, 5.9%, 387.6 万, 10.8%, 47.9 亿, 6.9%

六、听录音《西安四日游》,完成下面的练习。

1. 听课文录音,判断下面的说法是否正确。

1. 对 2. 对 3. 错 4. 对 5. 错 6. 对 7. 错 8. 对 9. 错 10. 错

第四单元 电子商务

课文 1 你在网上购物吗?

一、听录音,根据课文内容判断正误。

1. 对 2. 错 3. 错 4. 错 5. 对 6. 对 7. 对 8. 错 9. 对 10. 对

二、听录音,选择正确的答案(可能不止一个正确答案)。

1. CD 2. AB 3. BC 4. CD 5. A 6. ABD 7. B 8. AB 9. ABC

10. BCD

课文 2 贝索斯与亚马逊

一、听录音,根据听到的内容选择正确的答案(可能不止一个正确答案)。

1. AC 2. B 3. C 4. D 5. C 6. A 7. C 8. BD 9. AC 10. B

11. BCD 12. ABC

二、根据对课文内容的理解记忆完成下列判断题。

1. 错　2. 错　3. 对　4. 对　5. 错　6. 对　7. 对　8. 错　9. 错　10. 错

综合练习

三、选择下面的词语填在横线上。

1. 逛　2. 投资　3. 密码　4. 落伍　5. 跳槽　6. 出人意料　7. 沟通

8. 零售　9. 靠谱　10. 评价

四、听录音，根据对话内容选择正确答案。

1. A　2. B　3. C　4. C　5. B　6. C　7. C　8. C　9.（1）B（2）C

10.（1）A（2）A

六、听录音，完成下面的练习。

1. 判断下面的句子是否正确。

（1）错（2）错（3）错（4）对（5）错（6）对（7）对（8）错

（9）对（10）错

2. 选择正确的答案。

（1）D（2）B（3）B（4）C（5）C

第五单元　消费经济

课文1　你的钱主要花在哪些方面？

一、听录音，根据课文内容选择正确的答案（可能不止一个正确答案）。

1. D　2. D　3. A　4. B　5. ACD　6. CD　7. AC　8. B　9. BD　10. BC

课文2　高校经济圈

一、听录音，根据课文内容选择正确答案（可能不止一个正确答案）。

1. B　2. C　3. ACD　4. C　5. D　6. ABC　7. A　8. C　9. D　10. ABD

综合练习

三、选择下面的词语填在横线上。

1. 眼花缭乱　2. 享受　3. 负担　4. 冒昧　5. 规划　6. 收入

7. 络绎不绝　8. 高档　9. 偶尔　10. 优惠

四、听录音，请根据录音内容选择正确答案。

1. C　2. B　3. C　4. D　5. D　6. A　7. C　8. D　9. C　10. A

五、听录音，判断下面的句子是否符合原文的意思。

1. 错　2. 对　3. 错　4. 对　5. 错　6. 错　7. 对　8. 对　9. 错　10. 错

六、听录音，将以下 5 类消费者的比例写下来，并选择符合他们特点的选项填入表格中。

消费类型	百分比	特　点
敢于冒险者	14%	C　G
努力耕耘者	23%	E　H
价格至上者	27%	A　D
潮流追随者	26%	F　I
时代落伍者	10%	B　H

第六单元　投资有道

课文 1　家庭理财

一、听课文录音，根据听到的内容选择正确的答案（可能不止一个正确答案）。

1. C　2. AC　3. C　4. D　5. ABC　6. BC　7. BC　8. B　9. B　10. C

二、听录音，根据记忆判断正误。

1. 对　2. 错　3. 错　4. 对　5. 对　6. 错　7. 错　8. 错　9. 对　10. 错

课文 2 月入三千也可幸福地生活

一、听录音，根据课文内容判断正误。

1. 错   2. 错   3. 错   4. 错   5. 错   6. 对   7. 错   8. 错   9. 对   10. 对

综合练习

二、选择下面的词语填在横线上。

1. 理财   2. 扩大   3. 分享   4. 积累   5. 创业   6. 志同道合   7. 人际

8. 风险   9. 利息   10. 有备无患

三、听录音，请根据对话内容选择正确的答案。

1. A   2. D   3. B   4. D   5. C   6. B   7. B   8. D   9. C   10. D

四、听录音，选择正确的答案（可能不止一个正确答案）。

1. B   2. BD   3. A   4. AB   5. BC   6. C   7. BC   8. BCD

第七单元 商 务 礼 仪

课文 1 我要参加公司的商务酒会

一、听录音，根据课文内容判断正误。

1. 对   2. 错   3. 对   4. 错   5. 对   6. 对   7. 对   8. 错   9. 对   10. 错

二、听录音，根据课文内容选择正确答案（可能不止一个正确答案）。

1. D   2. A   3. D   4. C   5. BCD   6. ACD   7. BCD   8. BCD

9. BCD   10. B

课文 2 商务宴请 ABC

一、听录音，根据课文内容判断正误。

1. 错   2. 对   3. 错   4. 对   5. 对   6. 对   7. 错   8. 错   9. 错   10. 对

二、听录音，选择正确的答案（可能不止一个正确答案）。

1. ABCD　2. AB　3. AC　4. C　5. ABC　6. AD　7. ABC　8. BC
9. AB　10. BCD

综合练习

二、选择下面的词语填在横线上。

1. 后悔　2. 心不在焉　3. 邀请　4. 妥当　5. 毕竟　6. 打扮　7. 优势
8. 征求　9. 倾听　10. 隆重

三、听录音，根据对话内容选择正确答案。

1. D　2. B　3. B　4. D　5. B　6. C　7. A　8. C　9. D　10. D

五、听录音，完成下面的练习。

1. 听课文录音，选择正确的一项填在横线上。

1）B　2）A　3）B　4）C　5）C　6）B　7）B　8）C　9）A
10）A

六、根据录音，将提到的吃中餐的礼仪选择出来。

ACFHJ

第八单元　求 职 应 聘

课文 1　我想找份兼职工作

一、听录音，根据课文内容判断正误。

1. 错　2. 对　3. 错　4. 错　5. 对　6. 错　7. 对　8. 对　9. 对　10. 错

二、听录音，根据课文内容选择正确的答案（可能不止一个正确答案）。

1. D　2. ABC　3. BC　4. AC　5. BCD　6. A　7. C　8. C　9. AD

课文2 面试的技巧

一、听录音，根据课文内容选择正确答案（可能不止一个正确答案）。

1. B   2. CD   3. A   4. ABD   5. CD   6. AD   7. D   8. AB   9. BCD

10. A   11. BD   12. B

综合练习

二、选择下面的词语填在横线上。

1. 紧张   2. 掌握   3. 招聘   4. 谦虚   5. 对答如流   6. 团队   7. 胜任

8. 唯一   9. 诚实   10. 画蛇添足

四、听录音，根据对话内容选择正确答案。

（一）

1. A   2. C   3. A   4. D

（二）

1. B   2. A   3. C   4. D   5. C

五、听下面各大著名公司对企业人才的要求，并把合适的选项填到相应公司名称的后面。

IBM：D G   K

欧莱雅：A   C   I   M

微软：B   F   L

三井：E   J   H   N